Thobbe Rexréuz

Thobbe heter jag

Så blev "mitt" liv.
Kan jag inspirera dig…

Förlag: BoD – Books on Demand,
Stockholm, Sverige
Tryck: BoD – Books on Demand,
Norderstedt, Tyskland
ISBN: 978-91-7969-006-9

Innehållsförteckning

Förord

Boken du nu håller i din hand, vill jag tillägna mina ofödda barn och barnbarn. Ni fick aldrig uppleva ett liv med mig som eran pappa/morfar/farfar. Jag valde bort er, ett val som jag inte insåg vidden av den gången. Ni fick aldrig födas till ett liv med allt vad det innebar av nyfikenhet på livet och att vara barn, tonåring eller vuxen.

Ni fick inte uppleva att bli den trotsige/rebelliske tonåringen som skulle hitta sig själv, men ändå vara pappas hjärtegull och ögonsten. Ni skulle under en period av er frigörelseprocess tycka att pappa var mossig och inte borde få finnas. Ni fick aldrig chansen att uppleva er första förälskelse, ej heller få känna stoltheten över era betyg och examen, första jobbet eller glädjen över att tjäna egna pengar och flytta till egen lägenhet. Skapa familj med egna barn.

Allt detta, mina ofödda barn gick ni miste om. Jag själv gick miste om alla stunder av villkorslös kärlek, alla glada skratt, all gråt när ni gjort er illa. Att mysiga stunder då ni tyckte att jag var världens bästa pappa och ville krypa upp i min famn bara för att det var mysigt.

Att se er som tonåringar, att jag skulle älska er gränslöst oavsett vad ni sa eller gjorde, bara för att ni var mina barn. Någonstans inom oss skulle både ni och jag veta att vi respekterade varandra, att vi hade gränslös kärlek och respekt för varandra oavsett yttre omständigheter som spelade oss ett spratt. Vi fick ta tillvara alla stunder av upplevelser tillsammans, alla samtal vi skulle kunnat ha om allt mellan himmel och jord, djupa likväl som ytliga. Allt som vi skulle ha lärt av varandra fick vi heller inte uppleva.

Ni skulle ha fått egna barn, mina barnbarn. Under deras uppväxt skulle ni ha känt igen alla processer som barn och föräldrar går igenom som en del av livet. Ni skulle ha varit tacksamma för att ni fått växa upp med kärleksfulla föräldrar som lärde er vikten av detta.

Att idag sitta med facit av min val där jag berövade oss alla denna möjlighet gör ont i hjärtat. Visst, jag kan ju inte veta exakt hur det skulle kunna bli, men dessa tankar som jag skriver till er, kunde ha varit ett alternativ.

I stället valde jag ett destruktivt liv. Destruktivt så till vida att jag valde ett liv som värdelös martyr och offer. Ett liv där alla omkring mig bidrog till att förstärka min egen känsla av att ha noll värde. Detta fortsatte i många år, tills jag en dag började undra om jag var så värdelös om jag trott mig vara. Det blev en jobbig insikt när jag förstod att min egen självbild inte var sann, det var inte verkligheten.

Idag, kära ofödda barn, kan jag känna att jag haft ett lärorikt liv som format mig till den jag är. Tack vare min "barnsliga" nyfikenhet på livet och dess möjligheter, att leva som offer var en del i processen som jag behövde för att växa i min utveckling.

Jag är tacksam för alla medgångar jag haft, men lika tacksam för prövningar jag blivit utsatt för. Alla missförstånd och orättvisor har hjälpt mig framåt med samma intensitet som de bra stunderna. Givetvis var det inget jag tänkte på när det var jobbigt, det är sådant jag lärt mig nu senare i livet.

Känner mig ödmjuk för de val jag gjort för det fanns ett syfte för mig. Detta har jag nu fattat, men framför allt accepterat utan bitterhet efter 60 års ålder. Det är med andra ord aldrig försent att vakna upp och förstå sambandet mellan val och resultat.

Det var inte i detta liv som ni och jag, mina ofödda barn, skulle göra vår resa tillsammans här på jorden. Vår tid kommer vid ett annat tillfälle.

INLEDNING

Det du håller i din hand och är på väg att läsa, är en unik bok baserad på mitt liv utifrån egna personliga upplevelser, iakttagelser och erfarenheter byggda på mina förutsättningar, som jag idag kan se hur de påverkat mig under livets resa till den fullvuxne man jag idag är. Min intention är enbart att visa på hur mina insikter om hur livet blev utifrån det liv jag fått leva. Kanske kan jag inspirera någon genom att berätta om mitt liv. Ett liv som jag ansett varit innehållslöst genom åren, men när jag sitter med texten i min hand inser jag att det varit ett rikt liv trots allt.

Som yngst i en skara av 4 söner fick jag redan tidigt lära mig att kämpa mot syskonskaran och sådant som i mina ögon var orättvist. Som barn fattar man inte alla gånger att den som är 10 år äldre vet mer om livet och har andra krav och fördelar än lillebror.

Av kärlek skulle jag hållas utanför jobbiga saker som hände omkring, det vill säga livet därute. Dock blev det fel i lilla Thobbes hjärna att alltid vara den som inget fick veta eller ens möjlighet att förstå. Som den gången jag hörde min mamma säga till en väninna, att hon hade hoppats på en flicka den fjärde gången. Det blev till en sanning för mig att jag inte var önskad.

Om jag någon gång försökte vara med i olika samtal, blev jag tystad rätt snart med "det där vet du inget om" eller "det där har du hört andra berätta" eller "du är för liten att förstå" osv.

Så här i efterhand ser jag att det var av kärlek som framför allt min mamma ville skydda mig genom dessa handlingar, men det var inte min upplevelse då. I min mediala resa har jag fått kontakt med framför allt min mamma och min morfar och de har fått mig att inse och "se" all den kärlek jag trots allt fick under barnaåren.

Jag kan också se och förstå att jag var medial redan som barn. Det var ofta som jag bara -visste- saker som ingen berättat, såg folk som bevisligen inte varit i närheten där jag var. Givetvis höll jag tyst om den sidan, då det i byn ansågs vara konstiga människor som var synska.

Sådan är Thobbe:

- Jag är en unik människa
- Jag är en lojal och pålitlig vän
- Jag är en inspiratör
- Jag är en medial person
- Jag är ödmjuk
- Jag är en envis person
- Jag är en person som lyssnar
- Jag är en person som är tacksam för konstruktiv feedback
- Jag är en person som uppskattar raka klara besked
- Jag är en person som kan be om ursäkt när jag gjort något fel

Jag har

- Jag har HSP
- Jag har Panikångest
- Jag har div fysiska krämpor
- Jag har svårt för lögnaktiga människor

Se mig som den jag är och respektera det, då möts du av ovillkorlig kärlek från mig!

TILLBAKABLICKAR.

Uppväxten

Föddes i Östersund 1953 av en rörmokare och hans hemmafru. De hade redan 3 söner så förväntningarna och hoppet var stort att denna gång skulle det komma en tjej in i barnaskaran.

Det blev inte så, men däremot en son som hade bråttom ut till världen, en månad i förtid. Jag föddes med misstänkt vattenskalle och fick vara kvar på sjukhuset i 3 månader, utan att de kunde konstatera att det verkligen var så.

Familjen återvände et år senare till mammas hembygd, Meråker som ligger på den norska sidan av Kölen, vid Storlien. En fjällbygd med ca 3 000 invånare. Pappa blev egen företagare som rörmokare och blev väl ansedd som en duktig hantverkare. Mamma fortsatte som hemmafru och starkt engagerad i politiken, inom kvinnoföreningar som var på frammarsch i byn.

På gården fanns även min mormor och morfar. Något var inte som det skulle mellan dem, de pratade nästan aldrig med varandra. Mormor hade eget boende på gården och hon skötte sig själv, medan morfar bodde i ett rum på övervåningen i vårt hus och åt och umgicks med oss i familjen. Han lärde mig att spela schack och en hel del om livet.

Uppväxten var trygg på så sätt att det alltid fanns någon vuxen i närheten, antingen inom familjen eller hos grannar. Så var livet på landet på 50-talet, på gott och ont kan jag tycka idag.

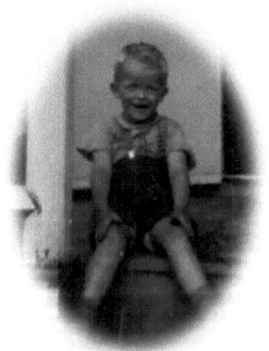

Lilla Thobbe på farstukvisten

Mamma

Mamma var hemmafru med många intressen och ofta sjuk, varför förstod jag inte förrän långt senare. Hon hade nervproblem blandad med ångest och flera fysiska åkommor, mer eller mindre framkallade av sin egen tanke. Jag vågar skriva det så nu, när jag själv gått igenom samma resa. Tankens kraft är stark, har jag lärt mig. Det är en tuff insikt att se jag levt mammas liv i mångt och mycket. Det som jag ogillade hos henne har jag själv fått leva med och ta mig igenom. Vilken karma!

Pappa

Pappa var egen företagare och jobbade många timmar varje dag, för att försörja familjen. Dessutom var han en av två rörmokare i byn. Han gjorde ett bra jobb, inget fuskande där inte. N är han kom hem, var han trött och behövde vila lite innan middagen. Sen måste han titta på TV, framför allt nyheterna, men även det som kom efteråt. Med andra ord det fanns ingen tid att umgås med oss barn. När jag var 10 började han pendla 18 mil till Östersund, för att jobba, det fanns inte underlag i byn längre. Han pendlade varannan helg hem till oss. Efter 3 år gick det inte längre, mamma och jag flyttade efter.

Mina föräldrar, Brynhild och Harry

Syskon

Jag hade som sagt tidigare 3 storabröder. Den äldsta var 10 år äldre och han stack till sjöss när jag var 5. Den näst äldsta var 9 år äldre och sökte sig till den militära banan, året efter att äldsta brorsan stack. Den bror som var närmast mig var 3 år äldre och blev tidigt engagerat i politiken, vilket tilltalade mamma väldigt mycket.

Lekkamrater

Lekkamrater hade jag några på nära håll, främst en flicka, Wenche, som var 2 år yngre än mig. Vi var alltid tillsammans, vi kunde bråka ibland, oftast om jag inte fick som jag ville, men det gick över på max en halvtimme. Vi kunde inte vara ifrån varandra långa stunder.

Det fanns en flicka till, Sölvi, i grannskapet som var 1 år yngre än mig. Hon fick på nåder vara med och leka med oss, liksom hennes lillasyster Bente. Vi var nog inte så snälla mot dem alla gånger, speciellt om vi ville leka på tu man hand. Mobbning fanns inte som begrepp då, men idag kan jag se att det var på gränsen i alla fall. I övrigt fanns det några till som jag lekte med ibland, men det var sporadiskt. När så skolan började fick jag ett par till kamrater som "dög", men de bodde ju en bit ifrån så det blev liksom inte naturligt att ses. Viss planering behövdes.

Jag och Wenche, vi ville cykla mitt i vintern

Första skoldagen

Dagen var kommen för den första
skoldagen, som jag sett så fram emot, det
var otäckt att se så många ungar överallt.
Dock var jag den enda vars mamma ej var
med vid uppropet. Det kändes inte bra alls.
Visst fick jag gå med en kamrat och hans
mamma, som jag kände redan innan. Men
ingen kunde ersätta mamma en sådan
dag. Givetvis var hon sjuk, vilket var ofta på
den tiden

En stark känsla av ensamhet hängde över
mig. Vi fick en varm och go fröken som tog
hand om oss och gjorde allt för att vi skulle

ha det bra. Ingen skugga över henne, men mamma var inte där.

Flytten till Frösön

1966, den 11 februari, flyttade vi från Meråker, till den stora staden Östersund. Den våren fyllde jag 13, puberteten med andra ord. Fick reda på flytten i mitten av januari av mina föräldrar. Av omtanke om mig, ville de inte säga något innan. När jag protesterade och inte alls ville flytta (min 3 år äldre bror skulle ju stanna kvar) blev jag så klart nertystad. Jag sa att jag hade ju mina kompisar där vi bodde nu. Du får nya, sa mamma kallt. Men brorsan får ju stanna kvar, så varför kan inte jag också få göra det, försökte jag. Försökte med ännu fler argument, men det var givetvis lönlöst.

Första veckan skulle jag slippa gå i skolan, för att jag skulle vänja mig vid miljön. Sen kom då måndagen då det var dags att börja. Pappa skulle följa med mig, för han pratade svenska felfritt, vilket inte min mamma gjorde. Vi kom till skolgården men det fanns inte en själ där. Hade det redan ringt in tro? Vi lyckades få tag på en vaktmästare som upplyste om att det var sportlov. Gissa om jag jublade inombords. Men veckan som låg framför mig sprang ju i väg så klart. Ny måndag och samma procedur.

Jag kom från en skola som innehöll kanske 200 elever som mest och nu var det minst det fyrdubbla. Jag var helt chockad över storleken av skolgården. Skulle börja med träslöjd minns jag. Kommer inte ihåg så mycket av vilka ämnen vi hade resten av dagen. Däremot minns jag promenaden hem från skolan. Det var säkert en 10–12 som gick åt samma håll. För dem var jag säkert exotisk, jag kom ju från U-landet Norge. Fick svara på de mest otroliga frågor som kunde tänkas. Några frågor minns jag särskilt och det var: Äter ni på tallrikar och med bestick? Sover ni i sängar? Har ni möbler? Äter ni vanlig mat? Bor ni i vanliga hus?

När jag kom hem den dagen, gick jag raka vägen in på toa och spydde som en gris. Mitt allra första migränanfall var ett faktum.

Sen följde det åratal av mobbing, både psykisk och fysiskt. Jag var en nolla, en feg djävel som förtjänade att få stryk och ansågs vara allmänt värdelös. Gjorde givetvis allt för att vara till behag för mobbarna, men det var ju dömt att misslyckas. Idag förstår jag att det var jag själv som tog in all negativ energi och utstrålade att jag var ett offer. Detta gjorde att även om jag själv någon gång mådde bra, påverkade detta mig mer än jag kunde förklara eller förstå.

Det kunde flyga hålslag genom rummet mot mitt håll, man sköt med slangbella mot mig och en gång fastnade en märla precis bredvid ena ögat. Utslängd från gympasalen ut i snödrivan med bara kortbrallor på, knuffar och krokben var bara vardag. Utöver detta fanns även alla glåpord om Norsken som var CP-skadad, uppväxt i ett u-land, totalt urblåst i huvudet osv.

Öppet brev till min störste mobbare

Hej Lars

Kommer aldrig att glömma min första skoldag, det var då mitt helvete började och du var ledaren av mobbningen mot mig. Det började med alla dessa idiotiska frågor som du och de andra ställde. Ni måste ha haft en snedvriden uppfattning om hur det var att leva i Norge på 50–60 talet. Att fråga om vi hade möbler, om vi åt på tallrikar och med bestick säger mer om er än om mig. Det enda jag ville den dagen var att få komma hem och vakna ur den mardröm jag befann mig i. Jag fick mitt livs första migränanfall den dagen och spydde som en gris.

Du och dina jämlikar fortsatte givetvis att mobba mig, mest verbalt, men ibland blev det även fysiskt. Eftersom jag var både blyg och rädd för konflikter, var det givetvis tacksamt för er att fortsätta mobba norsken. Vid några tillfällen klarade jag mig undan och någon annan stackare fick utstå ert förtryck. Men den glädjen för mig var sällsynt.

Det kunde komma pennor eller suddgummi flygande genom rummet. Ni var pricksäkra för ni träffade mig i nacken. Ibland sköt ni på mig med slangbellor, en ståltrådsbit fastnade vid ett tillfälle 1 cm från ögat. Andra gånger slängde ni ut mig i bara gympabyxorna i en snödriva och låste dörren så jag inte kunde komma in. En gång skulle du och några kompisar öva inför morgonsamlingen i aulan, Ni spelade i ett band. Jag och min kompis Leffe och några till skulle sätta oss längst bak för att höra hur det lät. När vi sa att det lite lågt blev du förbannad och tyckte att vi skulle ställa oss på scenen själva då, eftersom vi visste hur det skulle vara.

Vad jag kan minnas blev det fysiskt slag bara en gång. Vad jag tror, var det inte ens meningen att du skulle träffa, du höll på att skuggboxas och jag hamnade lite väl nära. Din blick innehöll ett uns av ånger i det ögonblicket. Det blev lite mindre mobbning efter detta men inte helt slut. Norsken skulle veta sin plats, CP som han var, blev din kommentar till dina kompisar i gänget, sen skrattade ni hjärtligt.

En annan händelse jag minns att jag la märke till din osäkerhet och sårbarhet var under en teckningslektion. Vi gick till skåpet, där våra alster låg, samtidigt för att hämta våra alster. Du stannade till, stod och tittade på din teckning. Jag sneglade på den och tyckte det såg väldigt bra ut och du var duktig.

En tiondels sekund såg jag i dina ögon, en tacksamhet. Du svarade bara kort att den var väl inte så märkvärdig och vem bryr sig om vad norsken tycker. Men du stod kvar en liten stund och såg lite stolt ut. Sa ännu en gång att den var fin, många detaljer och bra proportioner. Då log du lite innan du gick till din plats.

Den stunden var viktig för mig, jag växte eftersom jag vågade prata med mobbaren som förpestade mitt liv. Det trodde jag aldrig att jag skulle göra, varför

*skulle jag ens bry mig om dig som person
när du var så jävlig mot mig.*

*Efter plugget såg jag dig aldrig mer och det
var lika bra. Det skvallrades om att du fallit
in i den kriminella banan vilket var väntat
med tanke på äldre syskon och
alkoholiserade föräldrar. Jag grävde inte
djupare utan kände bara tacksamhet över
att slippa konfronteras med dig igen.*

*Idag kan jag säga att jag förlåtit dig för det
gjorde och även mig själv för att jag lät det
ske. Kan känna mig tacksam på ett sätt för
den hårda lärdom du utsatte mig för. Det
har bidragit till att jag är den jag är idag.
Det har tagit många år och kraft att
komma fram till den insikten. Tro mig jag
skulle inte vilja byta ut den tiden, med facit i
hand.*

*Hoppas du haft ett rikt och bra liv, det är du
värd helt klart. Syftet med detta öppna
brev är att jag trots mobbningen kan
förlåta dig och det du och dina vänner
utsatte mig för. Jag kan förstå att ni var mer*

rädda än vad jag var, ni var mer sårbara
och visste inte hur ni skulle hantera det.

Mvh
"Norsken" Thorbjörn, som jag hette då.

JOBBLIVET

Efter att jag slutat min ettåriga kontorsutbildning efter grundskolan, var det dags att söka jobb. Mina föräldrar tänkte tillbringa sommaren hemma i Meråker och jag ville nog följa med dem dit. Hittade ett sommarjobb i Storlien i ett så kallad tältvaruhus. Det handlade om att man sålde en massa krimskrams i en tillfällig affärslokal som i detta fall var ett stort tält. Det låg vid gränsen och lockade massor av norrmän dit.

Nu fick jag inget jobb där, men kunde få jobb i Värmland i stället, på en ort som hette Töcksfors. Varför inte tänkte jag, det kunde ju bli ett äventyr i sig. Boende ingick så det var ju lugnt.

Det blev en lång tågresa dit, med x antal byten. Men det gick vägen och jag blev mött vid stationen av föreståndaren för tältet. Vi åkte sen från Arvika till Töcksfors där vi skulle bo och jobba. Inkvarteringen såg ut som Villa Villekulla med många prång och fönster.

Första dagen på jobbet, var nervöst så klart. Det var ju ett antal personer att hälsa på och massor av varor att kolla in, liksom rutinerna. Alla gjorde allt, från upplockning till kassan, det var bara att hugga i. Vi hade en tjej från Norge som jobbade där också. Hon blev min räddning många gånger då otåliga kunder började skälla på mig, speciellt i början.

Över lag var det en härlig sommar, många trevliga möten med folk. Lite fester blev det allt, kräftskiva och grillaftnar ingick.

Midsommarhelgen var inte den roligaste. Jag hade varit där i drygt 2 veckor när den inföll. Föreståndaren skulle fira den med sin fästmö, som hade ansvaret för ett annat tältvaruhus i Charlottenberg så han stack dit. Här satt jag, utan mat i huset och helt obekant med omgivningarna.

Försökte minnas hur vägen till gränsen gick, för det fanns en affär på norska sidan, som var öppen. Mindes att jag sett en vägskylt med texten Gränsen 2. Tänkte väl att det skulle jag nog klara av att gå.

Strålande sol och med flip-flopskor på fötterna var kanske inte den bästa kombinationen. Jag gick och gick, kom aldrig fram till skylten. Det dök upp en sjö, så jag kunde svalka av mig på huvudet i alla fall. Jag blev både yr och fick en känsla av att sväva uppåt när jag doppade huvudet i vattnet, så varm var jag.

Promenaden fortsatte och slutligen kom skylten där det stod gränsen 2, efter dryga 2 timmars promenad. Kom fram till affären, där jag handlade lite skinka och fralla, men ingen mat i övrigt för helgen. Käkade en korv med mos på macken och tog promenaden tillbaka. Det visade sig vara över 2 mil, fram till huset jag bodde i.

Det var ett äventyr helt klart att vara borta hemifrån så långt borta. En helg längre fram på sommaren, kom dock mina föräldrar och en av bröderna med familj förbi, på sin väg till Norge. De sov över en natt, det blev tomt sen när de åkte.

Ett annat minne från den sommaren var en helg, när jag var ensam i huset också. Det kom ett sjutusan till åskväder och hela huset, som stod på en kulle, skakade rejält. Kände mig väldigt liten då. Värst var det när telefonen ringde mitt i en åskknall när hela huset hoppade högt. Telefonen ville inte fungera efter detta.

Första fasta jobbet

Efter hemkomsten från Värmland, var det dags att söka jobb. Med tanke på min utbildning, 1 års kontorsutbildning var det liksom lite begränsat. Att söka sig till bankvärlden var uteslutet, då krävdes det minst 3-årigt gymnasium och dessutom minst några års erfarenhet.

Vad återstod då? Jo, butiksjobb. Det hade jag i och för sig drömt om sen jag var jätteliten. Älskade att se "tanterna" i butiken där jag bodde, när de jobbade, de var mina idoler.

Besökte arbetsförmedlingen, för det skulle man ju göra. Skrev in mig och fick prata med en handläggare. Hittade direkt ett jobb, på Allköp (sedermera Köp och slutligen Hemköp). Det var stans största och billigaste butik och det kändes stort att eventuellt få börja jobba där. Gick dit på en intervju redan 2 dagar senare. Satt väl 15 minuter när chefen frågade när jag kunde börja. När som helst sa jag. Ok kom hit klockan 8 på måndag då.

Det var med nervösa steg jag gick dit. Stor butik med många anställda att lära känna. Blyg 17 åring som jag var, höll jag mig lite i bakgrunden, för att slippa hamna i fokus. Men det sket sig, som man säger. Alla ville ju så klart veta så mycket som möjligt.

Började med att ha ansvaret för mjölkkylen. Fick snabbt börja sköta beställningarna också. Då kände jag mig märkvärdig så klart. Gjorde allt jag kunde för att visa att jag var en pålitlig kraft att räkna med. Ostavdelningen, margarin/smöravdelningen var alltid välfylld, liksom mjölkdelen. Det blev som en sporre att det alltid skulle vara välfyllt.

Vi var tillsagda att dra fram varorna till framkanten och plocka bort tomma kartonger och brickor, inget skräp fick finnas i butiken. Hade man tid över, skulle man se till att hjälpa de andra med att plocka varor, dra fram dem till framkanten eller prismärka. A och O var förstås kunden, de skulle ha 100% uppmärksamhet. Vi fick avbryta allt vad internt snack hette så fort en kund närmade sig för att finnas till hands för dem.

Hade förmånen att få jobba på alla avdelningar inom butiken så jag blev en resurs som kunde hoppa in där det behövdes. Det var jätteläskigt att stå i manuella charkdisken, när det kom kunder som ville ha 3 skivor oxfilé. Jag vågade inte skära upp detta, med tanke på hur dyrt det var, så det fick mina kollegor ta hand om. Ville inte förstöra det dyra köttet.

Många roliga minnen av mötet med kunderna. Men även mindre roliga när jag blev utskälld för att osten var möglig som de köpt dagen innan, eller mjölken var sur, eller när jag kom med en vagn med varor för påfyllning när det var trångt i gångarna. Före jul ett år, var det en grinig gubbe som fräste åt mig att fylla på varor kunde jag väl göra innan öppning.

Klockan var tolv på dagen, jag bara svarade lugnt att jag jobbat sen klockan 6 med att fylla på varor för att han och alla andra skulle kunna ha något att köpa för julmiddagen. Om ni inte varit så många som gillat vår affär skulle det vara välfyllt även nu 3 timmar efter öppning. Leende gick jag vidare.

Det var många roliga minnen både på jobbet och utanför med kollegor. Vi var ett gäng som umgicks och hittade på olika saker. Vi kunde till exempel käka tillsammans både hemma och på restaurang, eller åka 15–20 mil för att dansa, för att det var ett bra dansband som spelade just då. Så är livet i Norrland.

Bytte jobb

Efter 13 år på samma ställe var det dags att gå vidare. Minns när jag började på Hemköp, frågade jag en av tanterna om hur länge hon jobbat där. Drygt 3 år fick jag till svar. Oj så länge! Det kommer jag inte att vara svarade jag...

Nåväl nu var det dags, då jag kände att vår nya mellanchef behandlade oss som om vi inte hade en aning om vad vi sysslade med. Han kom från B&W i Stockholmstrakten upp till oss "lantisar" och skulle lära oss jobbet. Att vi var många som jobbat i affären under många år brydde han sig inte om. Kanske till och med fler år än han jobbat över huvud taget.

Det som fick min bägare att rinna över, var en dag när jag skulle exponera varor på en hyllgavel. Jag stod och skar upp kartongerna med en så kallad sprättkniv och staplade dem efter konstens alla regler. Då kom han och sa till mig att jag höll kniven på fel sätt!

-Eh, jag förstår inte vad du menar sa jag.

Då förklarade han att man kunde skära sönder innehållet om man vinklar kniven fel.

- Men snälla du, under de dryga 12 år jag jobbat här har jag aldrig skurit sönder någon vara, så jag tror nog jag vet hur jag ska hålla kniven.

-Det kan vara bra att bli påmind svarade han överlägset och gick vidare.

Där stod jag och kände mig både förolämpad och nedtryckt. Min yrkesstolthet och arbetsmoral sjönk som en sten. I det ögonblicket kände jag starkt att något nytt måste hända mitt liv NU!

Började höra mig för med olika kontakter för att se om det fanns något jobb. Det var inte det lättaste, folk var rädda om sina anställningar så det var bara att hoppas. Men en dag berättade en kvinna jag kände genom facket, att det skulle bli en ledig tjänst på butiken hon jobbade i. Jag sökte jobbet, blev intervjuad och sen fick jag börja efter några veckor. Det blev en mindre butik och jag hoppades på att det skulle vara trevligare på alla sätt.

Det blev det inte. Han som ägde butiken var så snål att det inte finns ord att beskriva. Inget fick kastas om det fanns möjlighet att sälja det på något sätt. Till exempel en halvrutten paprika kunde man strimla den friska delen och sälja, till ett högre pris så klart. Att dessa var lika ruttna dagen efter spelade ingen roll. Något paket gick säkert åt.

Jag stod ut knappt 2,5 år med ständigt tjafsande och tassande på tårna. Dels så jobbade hans fru och bägge söner där ibland, så det var alltid några hökögon som vaktade, dessutom så fanns det rövslickare bland personalen som gärna berättade om man gjort något som inte var OK. Till och med så gick chefen ut till soprummet och gick igenom sopsäckarna så vi inte kastat något som gick att sälja.

En gång när vi hade superbra pris på köttfärs, som vi malde själva på den tiden, var vi några stycken som fixade egna paket av färs. Att köpa 3–4 kg var inget konstigt, men att de innehöll bitar av både fläskfilé och oxfilé visste inte chefen. Vi kände oss busiga som sjutton vid dessa tillfällen och tyckte det var rätt åt snåljåpen.

3 år senare, sa jag upp mig utan att ha något nytt jobb på gång, jag höll på att bryta ihop både fysiskt och mentalt. Fanns inget som hette att gå in i väggen då, men idag förstår jag att det var det jag höll på att göra.

Under en sändning i närradion berättade jag för projektledaren om min vantrivsel på jobbet i ICA-affären. Hon förstod vad jag menade, då hon brukade handla där när hon åkte till sin pojkvän.

Men du, det ska börja ett nytt projekt i stan, där man ska läsa in dagstidningen på band för synskadade, på daglig basis. Ett försöksprojekt som skulle starta på 5 orter i landet, varav Östersund var en av dem -Tycker att du ska söka, sa hon.

Hmm, inte kommer jag få det jobbet var min första tanke. Varför förnedra sig med att söka ett jobb där jag ej har någon som helst utbildning för, fortsatte mina tankar att mala på.

Nästa vecka efter vi sänt radio fick jag skjuts hem av henne och hon undrade om jag har skickat in min ansökan ännu, då det var sista ansökningsdag veckan efter.

-Nej det har jag inte. Det är ju meningslöst, då jag inte har någon journalistisk utbildning.

-Nej, men du har mikrofonvana och det väger tyngre i det här sammanhanget.

När jag kom in genom dörren hemma satte jag i gång att formulera min ansökan. Det tog nog minst 2 timmar att fila på den. När allt var klart, fick jag en mening i huvudet som jag inte visste då varifrån den kom. Jag skrev; *Vill ni bli nöjd och få mig nöjd, ska ni anställa mig!* Den kaxigheten har jag inte haft vare sig före eller senare.

Klistrade igen kuvertet, sprang ut till den gula postlådan direkt! Någonstans inom mig visste jag att ifall jag väntade med att posta till efter helgen, skulle jag inte göra det alls. Efteråt kändes det nervöst, vad ska de tro, vad har jag gjort…

På måndagen gick jag till min chef och sa upp mig. Han undrade vad jag skulle göra i stället och mitt svar blev: Det vet jag inte, det enda jag vet säkert är att här kan jag inte stanna, eftersom jag vantrivs och mår dåligt.

Jag blev kallad till en första intervju till det nya jobbet efter cirka 8 dagar. Den gick bra. Fick veta att det var över två hundra ansökningar till 8 tjänster. Ytterligare dagar gick och jag blev kallad till intervju igen, nu var det drygt 50 kvar. Fick höra bakvägen att jag kunde känna mig lugn, även om det inte var helt klart. Tredje intervjun var vi 12 kvar. Dagen efter fick jag komma in och skriva på anställningspapperen, fick passerkort och hälsa på några som vi skulle ha kontakt med i vårt jobb.

Första veckan ägnades åt utbildning av våra arbetsuppgifter och utrustningen vi skulle använda oss av. Det var en sådan befrielse att få ge sig ut på en ny mark i arbetslivet. Att se att jag kunde lära mig ett område jag inte alls kände till något om.

Detta var det första jobbet jag kände att jag trivdes mycket bra på. Viktiga arbetsuppgifter som blev uppskattat av chefer, men framför allt av mottagarna av slutprodukten. Dessutom en chef som lyssnade på oss som jobbade där, hon kunde vara hård, men allt handlade om att vi skulle göra ett bra jobb.

Minns vid något tillfälle när jag var trött och slarvade med uttalet. Då stängde hon av utrustningen och sa att det lät för djävligt och jag fick göra om det. Inom mig kokade jag för att hon var så petig, men jag sa inget. Läste om stycket och efteråt sa hon att det lät mycket bättre.

Hon förklarade varför hon stängde av. När de synskadade skulle läsa sin tidning, fick det inte låta som om vi somnar, allt sådant förstärks vid inspelning. Då kände jag en tacksamhet över att jag blev tillrättavisad och att hon gav sig tid att förklara också, vilket jag inte var van vid från tidigare jobb.

Vi hade möten med SRF (synskadades riksförbund) i Östersund och vi fick massor av lovord för våra inläsningar, vår tydliga artikulation och att vi inte lät som om vi var uttråkade. Nåja, det var en sanning med modifikation, det fanns ett par av oss 8 som hade lite att lära där. Det var en kvinna som sa, att de skulle lyssna mer på mig och lära sig, för jag var tydlig. Mitt ego fick sig en rejäl kick.

Det som var krångligast var utländska ord, att uttala dem rätt. Min chef hade språköra som hette duga och jag fick tipset att göra en anteckning om hur det lät, det vill säga skriva en fonetisk anteckning för att kunna uttala rätt. Mycket bra tips.

Vi fick även utbilda journalisterna om hur de skulle förbättra sitt skrivande, genom att läsa sina texter högt, då fick de en känsla av om texten flyter på eller om det är stolpigt. Detta har hjälpt mig också i mitt skrivande.

Efter en tid, fick jag förfrågan om jag ville börja skriva i den tryckta tidningen. Vilket erbjudande, det kunde jag inte motstå så klart. Det blev en lärorik tid, att jobba som reporter och att få göra både nyheter och egna reportage med olika människor runt om i länet. Det blev en del kåserier också.

Jag fortsatte att jobba med närradio även sen jag började på tidningen. Lördagar hade vi sändningar. Sommaren kom och man drog i gång turistradio på vardagarna. En härlig sommar med många spännande möten med både turister och politiker, massor av underhållande inslag.

Att sända radio var jättekul och jag kände att jag skulle nog kontakta lokalradion också. Sagt och gjort och jag fick möjligheten att göra ett eget program varannan vecka där jag spelade countrymusik. Nervöst förstås, åtminstone första gången, men det gick galant.

Efter några månader fick jag förfrågan om jag ville vara morgonvärd någon fredag. Givetvis ville jag prova på detta. Fick lite direktiv om hur jag skulle tänka när det gäller antalet skivor, hur långa låtar som passade och att alltid ha en instrumental låt innan nyheterna, detta för att man inte skulle bryta mitt i en sång.

Förberedde mig minutiöst och klockade mitt mellanprat, allt såg ut att stämma mycket bra. Det skulle gå vägen så klart. Dagen kom, var på plats i god tid, instruerade teknikern om skivlistan och han instruerade mig vilka tecken jag skulle ge honom när det var dags för musik. Allt kändes bara fint. MEN! Det som inte fick hända, hände givetvis. Min instrumentala skiva innan nyheterna tog slut 3 minuter före nyheterna. Samtidigt ser jag att programchefen kom in i teknikerrummet.

Paniken slog till men något fick mig att sansa mig. Fick tag på förteckningen över dagens program, lugnt och sansat drog jag några programpunkter och tipsade även om en utställning på stan innan jag lämnade över till nyheterna. Svettig och skakis gick jag ut till teknikerrummet.

Programchefen sa att det här går ju bra. Jag fick ju panik när musiken tog slut för tidigt sa jag. Det märktes inte tyckte han, du skötte det i så fall helt perfekt, för du lät både sansad och lugn. Pust!

Tydligen skötte jag mig, för jag fick fortsätta var tredje vecka med fredagsmorgnar och även med countryprogrammet

Prova på jobb i Stockholm

På sidan om mitt jobb på Radiotidningen, så jobbade jag extra på Systembolaget 3 dagar i veckan. En dag såg jag en annons i personaltidningen, där de sökte folk ute i landet som ville skriva och berätta om livet i butiken på sin ort, intervjua kollegor och kunder med mera.

Jag gillade ju att skriva, jobbade ju redan som reporter vid sidan av radiotidningen. Skickade i väg intresseansökan och smakprover på mitt sätt att skriva. Fick en kallelse att åka ner till huvudkontoret i Stockholm för att prata lite om vad som förväntades. Trodde att det skulle vara ett gäng som samlades, men det visade sig att jag var den enda.

Fick veta att de gillade mitt personliga sätt att uttrycka mig, mitt lättsamma språk och så vidare. Det stärkte mig framför allt fick jag min revansch mot min lärare i grundskolan som hånade mig inför hela klassen för en mening i min uppsats som han ansåg vara rolig.

Fick ett förslag att jag skulle jobba på huvudkontoret i 3 dagar och på butiken 2. De betalade alla resor, hotell och traktamente så klart. Sagt och gjort, jag började på senhösten att pendla. Spännande och kul var det. Blev väl lite jobbigt efter ett par veckor, då jag även jobbade på radiotidningen torsdag och fredagskvällar och, dagtid på butiken.

Efter ett par månader blev jag tillfrågad om jag ville prova på att jobba enbart i Stockholm, låt säga 3 månader för att känna om det var detta jag ville. Givetvis blev jag både eld och lågor, jag menar att få jobba i Stockholm var ju något stort för en norrlänning. Inställningen där uppe på den tiden var ju att det var fint att bo i Stockholm, lite märkvärdigt.

Det gick bra ett tag men sen blev jag utfryst och slutade.

SF-bio

Genom en bekant fick in en fot på SF-Bio, fick vara vaktmästare vid premiärvisningar till en början. Sen blev jag tillfrågad om jag vill jobba som biljettförsäljare/vaktmästare på biograferna också.

Visst ville jag det, jag var ju arbetslös så det passa mig utmärkt.

Finansvärlden

Efter jobbet på Systembolaget och SF-bio, hamnade jag inom finansvärlden. Fick jobba på en fondkommission där jag efter ett tag fick fast tjänst, då man gillade mina insatser. I början jobbade jag kvällstid, men det blev dagtid sen.

Som det så ofta händer i finansvärlden blev det sammanslagningar av firmor, så även här på den firma jag jobbade på just då. Detta gjorde att många tjänster blev dubbletter och övertalighet av folk.
En del slutade självmant, några fick erbjudande om att sluta och vi andra blev

på ett fint sätt Utmobbad genom lögner och baktaleri, däribland jag.

Hade turen att få en ny tjänst på en annan firma. Även här blev det uppköp, men inte så mycket avskedanden de första 3 uppköpen.

När det för 4:e gången var dags att få nya ägare, blev det dock en del som fick gå. Jag tillhörde då den grupp som dels var fackligt ansluten, dels hade varit anställd längst, så jag fick vara kvar.

Dock blev arbetsbördan för stor så vi var tvungen att ta tillbaka några av de som slutat. Efter några år till gick ägarna i konkurs och ett nytt uppköp blev aktuellt. Ett par omstruktureringar följde innan det blev lite lugnare.

Men arbetslust och trivsel avtog med alla uppköpen, det handlade enbart om ekonomi och vi inom administrationen var bara en belastning och fick inga förmåner. Jag blev ändå kvar till pensionen, chansen att få nytt jobb i den åldern var obefintlig.

MOBBNING

Detta avsnitt tänker jag tillägna mörka perioder av mitt liv, men med tacksamhet för att jag fick vara med om detta. Låter kanske helt absurt att känna tacksamhet för att ha blivit förnedrad och spottad på. I dag kan jag se det som en tid av lärdom, även om jag givetvis inte såg det så när det pågick.

Jag skrev tidigare om tiden i skolan med mobbing. Men det tog inte slut bara för att skolan tog slut. Även på arbetet blev det psykisk mobbing, både från chefer och kollegor, i olika omfattning.

Det kunde handla om att bli utskälld för situationer som uppstått, men som jag inte var ansvarig för. Det berodde på att en mellanchef själv var stressad och hade missat att be mig fixa något som skulle göras. Lite svårt att fixa när man inte vet om att det var mitt ansvar just den gången.

Andra situationer kunde vara att jag var ett tacksamt offer, eftersom jag var oerhört blyg och konflikträdd, så jag kröp ihop och försökte göra mig osynlig i stället för att säga ifrån. Var ju uppfostrad med att man inte säger emot de som är äldre än en själv, man skulle respektera dem.

Sa inte emot chefens barn heller, fast jag visste bättre hur vissa arbetsmoment skulle göras eftersom jag hade jobbat längre i branschen. Men det gick inte för sig, de fick göra på sitt sätt och jag kunde rätta till det när de gått hem eller på lunch.

Var det något jag var enormt duktig på hela mitt arbetsliv, så var det att hitta sätt att lägga upp jobbet på, som var mest effektivt både vad gäller snabbhet och energibesparande. Brukar säga att jag är lat och vill inte jobba i onödan. Egentligen handlade det om att vara effektiv.

Monotona uppgifter med återkommande moment, lade jag till exempel upp enligt löpande band principen. Det vill säga att jag gjorde klart ett moment i taget. Skulle jag till exempel öppna tio kartonger för att skylta upp på en gavel, skar jag av locket på alla tio direkt, sen staplade jag dem, i stället för att skära upp en kartong, ställa den på plats för att sen ta nästa. Gillade inte att slösa tid och kraft på att jobba i onödan. Detta störde ju många givetvis, då fick jag höra att jag trodde jag var bättre än dem.

När jag sen bytte arbetsplats, fortsatte detta givetvis. De hade ju gjort på sitt sätt i alla tider och det hade funkat så bra så. Inte skulle jag som nykomling komma här och lära dem hur man skulle lägga upp jobbet. Ska sägas i sammanhanget att det var oftast de kvinnliga kollegorna som reagerade på detta sätt.

Så har det varit över lag under mitt arbetsliv, att jag som man inte skulle tala om för kvinnor hur det skulle sköta sitt jobb. Nu var det ju liksom inte det som var mitt syfte. Jag ville bara tipsa dem om enklare sätt att jobba. Men de tolkade det som om jag ville tillrättavisa dem. Har förstått att detta handlar om män och kvinnors sätt att kommunicera, vilket inte alltid är så lätt.

Efter flytt till Stockholm och jobbet på Systembolagets personaltidning fick jag lära mig den hårda vägen att här gällde vassa armbågar och att slicka uppåt och sparka neråt för att ha en chans. Detta krockade med min uppfostran och synsätt.

Respekt för andra och ge vika för deras behov i första hand, var jag van vid. Här skulle jag fjäska för cheferna på ett utstuderat sätt. Det gick inte som jag ville att det skulle gå. Att hela tiden hålla med chefen, att påpeka att man tyckte det var toppen att säga som han sa vid olika situationer, gjorde mig kräkfärdig.

Som den norrlänning jag var, kunde jag inte heller sitta vid fikabordet och upprepa vad de andra sagt, bara för att "alla" skulle säga någonting. Vad skulle det tillföra att vara en papegoja hela tiden. Ordet skulle alltid gå bordet runt. Detta ledde till att jag blev utfryst, inte så att man gjorde det uppenbart alla gånger. Men när det blev min tur, var det någon som direkt bytte ämne, eller reste sig för att återgå till jobbet.

Med tiden såg jag, fast de inte trodde att jag såg, hur de himlade med ögonen när det var min tur. Kände mig mer och mer värdelös. Min handledare ville vid ett tillfälle att jag skulle skriva ner förslag på ämnen till artiklar i tidningen, eftersom jag som kom från butik nyligen, och som jag trodde folk ville läsa om. Jag kontaktade mina forna kollegor hemma i Östersund och bad om deras hjälp plus mina egna tankar.

Det blev en hel A4 sida med förslag. Min handledare strök en efter en med motiveringar såsom, detta har vi skrivit om för 5 år sen, detta är inte intressant, tveksamt om det är någon idé osv Snacka om att trycka ner mig skoskaften mer och mer.

Detta tillsammans med att de artiklar jag fick skriva, redigerade min handledare om så mycket att han kunde lika gärna skrivit allt från början själv. Vart tog deras uppskattning av mitt sätt att skriva vägen, det som de gillade innan jag flyttade ner? Arbetslusten gick i botten, dags igen att gå

in i väggen. Till slut satt jag av min tid.
Dagarna blev till månader.

En dag kom förslaget att jag skulle jobba i
butik igen för det var nog där jag hörde
hemma. Under tiden baktalades jag på
kontoret och till slut blev jag inkallad för att
göra upp om att sluta helt och hållet. 6
månaders lön fick jag samt att jag blev
arbetsbefriad direkt...

Efter att jag slutade min anställning på
Systembolaget, blev det kort sejour på SF
Bio, där jobbade i stort sett bara studenter
från universitetet och högskolan.
Norrlänningen med sin ettåriga yrkesskola,
var inte mycket värd i deras ögon, vilket de
visade tydligt.

Inte blev det bättre när jag började i
finansvärlden. Även om jag jobbade med
administration på backoffice, alltså vanligt
kontorsarbete som inte krävde
universitetsutbildning, stod det klart och
tydligt att norrlänningen, inte var något att
räkna med när det gällde vettiga samtal
eller kunskap. Ingen frågade mig eller tog

med mig i olika arbetsgrupper. I början blev jag givetvis besviken och ledsen över att hela tiden stå utanför.

Men jag lärde mig att stå över detta och göra mitt jobb så bra jag bara kunde. Det var ofta som jag såg hur de la upp jobbet så bakvänt och tungrott så jag storknade, men det var inte min sak att tala om för dem att det fanns enklare sätt att göra det på.

När de satt i möten och slösade tiden med att älta och tycka att allt var så svårt, log jag inombords och tänkte, det är upp till er själva. Om jag någon gång försökte flika in min åsikt, tittade de på mig med förakt och som om jag var något som katten släpat in. Kommentarerna var i stil med, det funkar inte, eller det har vi testat och det gick inte…

Det blev hela 19 år inom finansvärlden med samma upplevelser, arrogans, nedlåtenhet och översittarfasoner mot norrlänningen som saknade utbildning.

Det blev några perioder med panikångest och in i väggen situationer. Orimliga krav och ingen förståelse för att vi alla är olika och jobbar på olika sätt. Det blev viktigare att man gjorde på deras sätt och inte att resultatet blev det samma, även om man som jag var effektivare i hanteringen. Allt detta motstånd mot mig, gjorde att jag blev mer och mer innesluten och då uppfattades jag som sur och tvär.

I själva verket speglade jag ju deras verklighet, att ingen ska tala om för mig hur det ska vara. Nu med facit i hand, kan jag förstå processen i sig, men det var en jobbig resa.

Som jag inledde avsnittet, känner jag trots allt tacksamhet över att ha blivit utsatt för detta. Jag har lärt mig mycket om mänskligt beteende, att se människan bakom, se deras tillkortakommanden och framför allt deras osäkerhet. Jag fick många insikter om mig själv också under resans gång.

Min övertygelse är att alla mobbare är rädda och osäkra, ofta helt utan självförtroende eller självkänsla och därför blir de utåtagerande för att komma undan risken att själva bli ett offer. Minns att jag vid något tillfälle tänkte att en dag ska jag visa dem att jag är värd att bli respekterad. Trodde då att jag skulle bli en kändis och erkänd person av något slag. Idag kan jag le lite åt den tanken.

BOENDEN GENOM LIVET.

Sommaren 1972 bestämde sig mina föräldrar att flytta tillbaka till Meråker, då pappa var sjukpensionerad tyckte de att det var bättre att bo på landet och i eget hus. Mamma var väl inte så där jätteförtjust kanske, men hon förstod min pappas önskan om att ha friheten och närheten till naturen och vad det betydde för honom. Så mina föräldrar flyttade hemifrån när jag var 19 år.

Det var aldrig någon som undrade om jag skulle flytta med. På något sätt var det självklart att jag skulle stanna, jag hade ju jobb och vänner i Östersund. Så det blev till att söka någonstans att bo.

En kollega hade ett rum i souterräng-våningen, men jag fick inte ha kokplatta eller kylskåp där. Det var enbart för att sova och vistas där. Kändes inte så bra, jag menar vem har råd att äta alla måltider på restaurang. Inte heller var det aktuellt att få samåka till jobbet, fast vi hade samma arbetstider. I stället skulle jag få gå 4–500 meter till bussen.

Pappa hade frågat ett ungt par som bodde i samma hus som vi, om de kunde tänkas hyra ut ett rum ett tag. Han hade dessutom pratat med husägaren om att få en enrummare när det blev ledigt, vilket skulle lösa sig om några månader.

Jag fick hyra hos paret så länge. Där fick jag tillgång till både badrum och en hylla i kylen för min mat. De tyckte också att det var OK att jag hade min dörr öppen om jag ville så det inte skulle kännas så ensamt och instängt. Titta på TV var självklar OK. Det blev några trevliga månader som jag bodde där innan jag fick en egen lägenhet.

Pappas morbror, som också bodde på samma gård, bytte lägenhet till en större och då fick jag överta hans gamla. Det var en etta på 26 kvm med så kallad Trinett-kök i en kokvrå. Det blev trångt efter ett tag, för även om lägenheten var liten, skulle det finnas säng, soffor, bokhyllor och matbord. När jag skulle städa, blev det till att åla sig ner och sträcka ut händerna för att nå under.

Efter några år, fick jag byta till en större etta på samma gård. Riktigt kök och större vardagsrum som gick att dela av till en alkov. Trivdes väldigt bra, men saknade balkong.

Dags för en flytt igen, samma gård men ett annat hus. Nu till en tvåa med öppen spis, balkong och jättestort kök. De hade tagit bort en mellanvägg mellan kök och ett minimalt matrum. Kändes som ett kungarike.

Där blev jag kvar några år innan jag ville flytta igen. Jag jobbade sena kvällar och det var lite långt att gå hem mitt i natten, inga kommunala färdmedel fanns klockan 2 på natten. Fick då byta till en tvåa, två kvarter från mitt ena jobb och 4 kvarter från mitt nattjobb. Även här fanns balkong som dessutom var inglasad. Himmelriket var nära.

Det blev ett äventyr att flytta ner till Stockholm. Jag fick bo på hotell den första tiden innan definitiv flytt. Pendlade hem till Östersund på onsdagen och ner på söndagen igen. Efter en månad kände jag att jag lika gärna kunde flytta ner, jag trivdes ju med jobbet och staden.

Började söka efter lägenhetsbyte. Det borde ju inte vara något större problem tänkte jag, det låg i tiden att vända hemåt igen för många. Hittade en liten etta på Söder som jag svarade på. Fick svar att det verkade lovande.

Fick titta på den. Jösses så trångt tänkte jag med hela mitt bohag i bakhuvet. Men det skulle säkert vara lättare att byta när jag väl var på plats. Vi bestämde oss och sen skulle vi kontakta våra respektive hyresvärdar för att få OK. Allt var i sin ordning och datum bestämdes.

Bokade flyttbil och kände mig så förväntansfull. Åkte upp till Östersund och packade allt. Ordnade med en god vän att hon skulle släppa in flyttgubbarna, städa ur lägenheten och lämna ut nycklar till de som skulle in. Allt klaffade så himla bra, i planeringen.

Fick veta att flyttbilen var packad och på väg, en fredag. De skulle komma fram på måndag för att lasta ur. Då kommer smällen.

Mamman till tjejen i paret som skulle flytta upp, berättade att killen försvunnit. Det var för hans och deras nyfödda dotters skull de skulle flytta upp, för att han skulle komma ifrån drogerna i storstan och börja på ny kula. Det blev alltså inget byte av.

Panik, vad göra nu, flyttbilen på väg och jag har ingenstans att ta vägen. Min chef lugnade mig och sa vi löser detta. Ringde flyttfirman, men bilen var ju på väg. Dock fick jag tips om ett ställe med förråd där de kunde lagra mitt bohag så länge.

Han kontaktade dem och återkom till mig med namn och adress till förvaringen. Det var bara för mig att åka dit och hämta mina nycklar så jag kunde komma åt mina saker som jag behövde.

Något lugnare började jag tänka mer praktiskt igen. Kom ihåg att jag sett en annons i tidningen när jag var i Östersund senast. Ringde min före detta chef på tidningen för att be henne söka reda på annonsen. Dröm om min lycka när hon ringde tillbaka och berättade att hon hittade annonsen. Ringde dit samma dag och var en trevlig tjej som ville flytta tillbaka till Östersund. Fick komma på besök och kolla in hennes lägenhet redan dagen efter.

Det var en trevlig 50-tals lägenhet med massor av charm och jag blev kär i den direkt. Vi satte i gång det som behövdes i kontaktväg för att kolla att det var OK. Under tiden frågade jag min chef om det fanns en möjlighet att få låna en lägenhet som Systembolaget ägde, under tiden.

Det var en lägenhet som skulle göras om till personalutrymme så jag fick inget kontrakt om fast boende, bara ett tillfälligt, max 3 månader. Det kändes så bra, att få tillgång till mina saker. Blev ju dyrt att köpa nya kläder hela tiden.

Allt gick vägen med bytet och jag skulle få flytta in 4 dagar innan julafton i min egen lägenhet i Hökarängen. Befrielse på hög nivå, att få något eget igen. Dagen före hade jag bestämt med en god vän att han skulle komma och fira julen med mig. Det blev en hektisk vecka vill jag lova, jobba dagtid och uppackning på kvällarna. På julafton skulle jag möta min vän på Centralen kl. 14.

Halv ett, ställde jag in en kartong med böcker i en garderob, den sista. Hoppade in i duschen och hann till centralen precis när tåget kom in med min vän. Slutet gott men jädrans vilken pärs det var.

Det följde en tid med en hel del flyttande här i Stockholm också. Efter ett par år i Hökarängen fick jag chansen att flytta till Kungsholmen. En nyrenoverad etta med sovalkov. Trivdes hur bra som helst, förutom att det fanns hyresgäster av en lokal som älskade att knacka på mina fönster efter att jag släckt ljuset på kvällen. De stod utanför och rökte på innegården. Genom

hyresvärden fick då byta till en större lägenhet i samma kvarter.
I trapphuset var det ett tillhåll för knarkare vid ingången till vinden och det förekom inbrott lite då och då.

Dags för flytt igen, denna gång till Bergshamra i Solna. En trerummare med 11 kvm balkong. Den glasade jag in senare och det var hur underbart som helst. Lägenheten blev sedan bostadsrätt. Gick med i styrelsen för föreningen efter ett tag. Men när ordförande skällde ut mig och en annan ledamot för att inte gjort vårt jobb, fast vi hade det, tackade jag för mig och gick ur direkt. Andra som slutade i styrelsen fick blommor och avtackning på årsmötet, men inte jag inte.

Efter några år till kände jag att det var dags för flytt igen, denna gång till en nybyggd lägenhet i Hammarby Sjöstad, som växte så det knakade. Dyr hyra, trots subventionering under de första 5 åren. Bytte till mig en något större 2 med loftgång som tillhörde lägenheten. Dock blev det dyrt i längden att bo kvar, så ett byte var på tapeten igen.

Lyckades hitta en person som ville flytta dit, då han jobbade i Sjöstaden och bodde i Solna Centrum. Mig passade det perfekt, då hyran var flera tusenlappar billigare, visserligen mindre och utan balkong. Här har jag i skrivande stund bott över 13 år och trivs bra.

Min fundering över att jag flyttat så många gånger i mitt liv, måste ju bottna i något. Har kommit fram till att jag hela tiden sökt efter något, men inte kommit på vad detta något är. Nu vet jag, jag har sökt efter mig själv. Att hitta min inre säkra Thobbe, som trivs med sig själv, är medveten om vad jag är kapabel till, vad jag står för osv. Idag är jag på god väg att hitta detta, även om det är en bit kvar.

PENSIONEN NÄRMADE SIG

Åren gick och jag blev medveten om att pensionsåldern närmade sig. Hur kunde det hända, jag menar jag känner mig inte som en pensionär. Det är ju gamla, krokiga människor som har massor av krämpor. Rynkiga är de också. Ja, jag erkänner det var min bild av vad en pensionär var. En dag när jag tittade mig i spegeln, såg jag den riktiga Thobbe, han som började närma sig pensionen.

Mötet med den gamle mannen i spegeln

Har väl sett mig spegeln, men det har liksom inte blivit några djupare analyser av vad jag sett. Har bara tittat som hastigast. Det har liksom inte funnits något större intresse av att lära känna personen i spegeln. Men en dag var det något som lockade och jag började titta på ett annat sätt. Ibland kunde fantasin sätta fart och massor av undringar for igenom mitt huvud. Vad tänker han på? Såg ut som det fanns mycket tankeverksamhet där bakom de ögonen. Är han lycklig i sitt liv? Utåt sett verkar det så i alla fall.

Kroppsspråket, rynkan mellan ögonen och det lågmälda talet skvallrar om att det inte är riktigt OK, tros allt. Vad kan det vara? Något med familjen eller? Har han någon familj?

En dag undrade jag om jag skulle våga närma mig mannen i spegeln och fråga hur det var fatt. Avstod dock, för jag visste inte hur jag skulle reagera på svaret och om jag verkligen vill veta. Det kändes som om allt var lite känsligare med denne person.

Någonting sa mig han kanske inte vill ha den uppmärksamheten en sådan fråga skulle dra till sig. Jag släppte det hela. Ville inte att det skulle hända något, eller att han skulle gå ner i en svacka av sämre mående.

Under våren började spegelmannen leva upp igen. Någonting hade hänt i hans liv, det var tydligt. Han log och skrattade oftare än han gjort ett tag nu. Det var som att möta en helt annan människa, en glad och lycklig man.

Det gick en tid innan jag närmade mig honom fast besluten om att nu måste jag våga visa honom att jag bryr mig och att jag finns där oavsett måendet.

Vi satte oss ner i ett tyst rum, mobilerna var avslagna, liksom TVn och datorn. Inget skulle få störa oss nu, när detta möte äntligen kom till stånd. Ingen av sa något. Vi satt där och bara fanns till liksom. Energierna var befriande och det stärkte min uppfattning om att det var rätt tillfälle. Jag vågade fråga: Hur är det fatt?

Han satt och tänkte efter ett tag innan orden formligen forsade ur munnen, det var en svada som ingen av oss trodde var möjlig.

- Äntligen var min ångest hanterbar, för att inte säga väldigt svag och godtagbar. Den försökte göra sig påmind ibland, men då stoppar jag den och säger att nu räcker det.

Du har fått dryga tre år av mitt liv denna gång och det är mer än nog. Det är OK att du finns där i bakgrunden, men du ska ej ta kommandot längre. Då lugnar den ner sig.

Nu har jag äntligen fått in i min hjärna att jag duger som jag är, att jag är en unik person som alla andra är, alltså unika. Jag känner stor tillit till mig själv och börjar älska mig själv för den vackra själ och person jag är.

Min logiska sida och min känslomässiga sida har börjat kommunicera med varandra. Om du bara visste vad jag har längtat efter detta.

Logisk har jag alltid varit med sitt snusförnumstiga sätt att vara. Men den känslomässiga sidan ville inte lyssna eller ens förstå förrän nu.

Insikten om att jag har ett rikt liv som jag lever. Vilken gåva jag har som fått träffa och lära känna så många underbara medmänniskor. De har släppt in mig i sina liv samtidigt som de velat vara en del av mitt liv.

- Men vad har fått dig till denna insikt käre vän, frågade jag.

Han tittade mig djupt in i ögonen och sa med värme: Vänskapen! Den sanna äkta vänskapen som finns mellan mig och mitt inre.

Att se mig själv som en hel människa, att jag snart ska bli pensionär och kunna njuta av all den kunskap och visdom jag tagit till mig under hela mitt liv

Jag la ifrån mig spegeln jag satt och tittade i och drog en djup lättnadens suck medan tårarna rann av lycka ner för mina kinder.

Min känslomässiga sida som äntligen accepterat logikens sätt att se och att bägge måste jobba tillsammans för att leva fullt ut.

Tack till den sanna Thobbe där inne för den insikten.

Nu kunde jag äntligen se fram emot pensioneringen, även om den skulle dröja för vi hade ju kommit överens, min arbetsgivare och jag, om att jag skulle jobba kvar till 67 års ålder.

Jag omfamnade livet

Mitt första år som pensionär!

Det blir inte ett vanligt utvecklingssamtal, sa min chef när vi satte oss i mötesrummet. Jag hann tänka många tankar över vad hon kunde mena med det.

Sen kom en massa omskrivningar och inlindande på kvinnors vis, innan hon kom till saken, att jag var tvungen att gå på dagen. Detta på grund av arbetsbrist, hette det. Nu gällde inte sist in först ut tydligen. Tre månader innan hade vi kommit överens om att jag skulle få jobba kvar till 67. Jag blev helt överrumplad av hela situationen, att jag bara sa något om att jag förstår.

Att höra mig själv säga "jag förstår" kändes märkligt! Likaså att jag förhöll mig enbart lugn och inte gick till försvar, som var den normala reaktionen tidigare när jag blev pressad. Det var som om jag satt i min egen bubbla medan livet pågick utanför mig.

- Du är arbetsbefriad från och med idag, men kom ihåg att du inte är uppsagd!

Tror inte jag lyssnade längre på det hon sa, mitt inre sa mig att vara tyst och bara acceptera det som hände. Då fattade jag att universum hade bara andra planer för mig.

När allt var över återvände jag till mitt skrivbord, för att packa ihop mina personliga tillhörigheter. Chefen samlade ihop resten av gänget för att informera om läget. Det var en syn för gudar att se deras ansikten när de kom tillbaka.

Det är mer muntert på en begravning än det var runt dem just då. Minns att jag reagerade på att de var så ledsna, vilket jag inte kunde få att gå ihop med deras inställning i övrigt. De borde ju vara glada, du blir ju av med surgubben de knappt vågade prata med och som hade åsikter om mycket, men som inte passade deras sätt att se på saken. Nu kunde de få krångla till jobbet i onödan i stället för att vara effektiva.

Det var med lätta steg jag gick hem den dagen. Jag var fri! Fri som fågeln att göra vad JAG ville, utan att ta hänsyn till andras viljor och idéer. Jag var min egen nu, eller som en god vän brukar säga, jag är FRIHERRE.

Några dagar efteråt skulle det vara en avskedsfika. Jag hade jobbat i firman i 19 år. Det kom 5 personer, varav en av dem, var bland de som jag jobbat längst med under alla år.

Bitter? Nej det är jag inte.

Besviken? Ja, det blev jag väldigt mycket. Det förstärkte min känsla av att de tyckte det var skönt att jag försvann.

Veckan efter åkte jag till Gran Canaria på en planerad semester. Två underbara veckor fylld av återhämtning, sköna promenader och framför allt inga måsten, bara göra det som lockade i stunden.

Massor av tid för reflektioner och inhämtning av insikter. Att samla krafter var nödvändigt för när jag kom hem, väntade en höftledsoperation.

Operationen gick bra, men återhämtningen var seg. Fick all information jag tänkas kunde över hur det skulle bli och tid var något jag fick räkna med att det skulle behövas i stora mått.

Otålig som jag alltid varit blev detta en prövning som hette duga. Inte blev det enklare av värmeböljan som rådde under hela sommaren.

Att sitta inne var skitjobbigt, det blev till att ta kryckorna, sittdynan och gå ut på innergården där det fläktade lite.

Trodde i min enfald att jag hade landat i detta med att vara pensionär. Men det kom ett bakslag under hösten, måendet sjönk och ångesten kom tillbaka.

Mitt liv var slut! Dolde detta för omgivningen, genom att tvinga mig att umgås med goda vänner och hålla masken.

Samtidigt var nog detta räddningen. Det blev två utlandsresor till, en vecka på Karpathos och en vecka på Gran Canaria. Underbara resor om än jobbigt att umgås 24/7 med den tomhet jag kände inombords.

Var fanns JAG? Vad betydde jag i sammanhanget?

All oro dolde jag förstås för att inte förstöra för de andra i sällskapet. Har ju alltid månat om andra i första hand och mig själv i andra hand.

Efter julen var det dags igen, att operera ett finger som bråkade med mig. Det var som om något klickade till i mig, att nu räcker det med ingrepp, hade gjort ca 40 under 5 år.

Det får vara nog med höga diabetes-värden, högt blodtryck och övervikt. Ingen ork och allmänt dåsig tärde enormt på mig.

Det var då jag insåg, att jag måste efter ca 15 år med diabetes, ta den på allvar annars går jag en för tidig död till mötes.

I den stunden kände jag att min stund var inte inne att lämna jordelivet, jag skulle uträtta mer i detta liv innan det var dags.

Att hjälpa andra genom healing och vägledning, att inspirera andra att växa, genom att dela med mig av min erfarenhet och visdom.

Mycket har nu hänt här på vårkanten. Har tagit tag i kost, motion, träning. På tre veckor har jag gått ner över 3 kg. Tar insulin på kvällen och, blodtrycket är stabilt också.

Orken har kommit tillbaka, jag blir inte flåsig direkt jag tar 10 steg. Det är som om livet kommit tillbaka igen.

Idag är jag oerhört tacksam över det som hände för ett år sen. Jag kan se på mig själv med aktning och värdighet, stolthet och respekt.

Idag står jag upp för MIG själv och MINA känslor/behov i första hand. Givetvis är min vilja att hjälpa andra också, men inte på bekostnad av mitt eget mående, utan tillsammans.

Tack Thobbe för att du finns!

Min första utlandsresa som pensionär

Redan första kvällen på resan kände jag att något var annorlunda även om jag inte direkt kunde sätta fingret på vad det var, men att det var skillnad mot tidigare resor. Försökte gå in i känslan men det blev inte tydligare för det. Av erfarenhet vet jag att det lika bra att släppa tanken, det kommer ett svar när jag är redo.

Det kom att dröja några dagar innan jag fick en insikt om det handlade om att jag fått kontakt med ett inre lugn. Ett lugn som jag ej haft så länge jag kan minnas. Tiden, det var inget jag behövde bry mig om, andra människors beteenden var deras sak, inte min.

Visst, jag hade högljudda grannar, på hotellet, som gärna satt ute på terrassen, alldeles under mitt sovrum, de både rökte och spelade musik. Här kände jag att jag hade två val, det ena var att bli irriterad och det andra var att acceptera. Jag valde det senare, jag menar både de och jag hade ju ledigt och hade all tid att vila på dagen om så behövdes. En eftermiddagslur är ju guld värd, så vad gjorde det att vara vaken en stund mitt i natten.

Detta var ett knep jag lärt mig under mina kurser och meditationer, att låta alla ljud bidra till att jag slappnar av ännu djupare eftersom de inte handlade om mig.

Även om jag inte sov, kände jag total avslappning. Tidigare i mitt liv skulle jag bara legat och blivit irriterad, smällt igen fönstren och varit uppe i varv. Det tillstånd jag nu befann mig i, kändes behagligare, utan tvekan.

Den känsla jag fick inom mig, när jag kunde unna andra att tillbringa sin semester på sina villkor och inte utifrån min syn på hur det skulle vara, var obeskrivlig. Skulle nästan vilja säga, euforisk och jag kunde njuta ännu mer av min vistelse.

Efter en vecka kände jag något nytt inom mig. En stor känsla av att jag kunde känna, vad livskvalitet är. Att njuta av varje sekund i hela kroppen var en upplevelse. Med denna nya insikt blev jag medveten om att det har bara varit en vecka, men kändes som mycket mer, allt jag känt och upplevt var så påtagligt nu.

Det är detta som menas med att vara här och nu, som jag hört till leda genom åren, från kursledare med flera. Trodde i min enfald att jag var där och visste vad det handlade om.

Nu förstod jag att det som jag upplevt tidigare var en skrapning på ytan bara. Vilken härlig insikt, fick en enormt stor tacksamhet mot mig själv, att jag äntligen slängt allt motstånd mot att jag är värd ha det bra.

Behåller gärna denna underbart befriande känsla.

I mitt fall är nyckeln till denna förändring att jag slutat störa mig på hur andra är eller beter sig. Det är ju inte mitt ansvar utan deras. Mitt ansvar är att ta hand om mig och se till att jag mår bra.

Hela resan fick mig att inse att det mycket i ens liv som styrs av hur vi väljer att reagera och agera i stunden.

Vi har alltid en fri vilja att välja slutresultatet, antingen bli negativ och hitta fel, brister och problem, eller fråga sig själv, hur vill jag må? Vill jag uppleva något positivt i stället?

Övertygad om att vår egen tankeförmåga är stark och då menar jag att vi ALLTID kan välja hur vi vill må omkring det som hände.

Min erfarenhet av pensionärer, både inom familjen och övriga runt omkring var att jag såg bara de som var negativa.

Nu inser jag ju att ALLA givetvis inte är sådana, men det var min erfarenhet, grundad på hur jag själv var som person och hur jag betedde mig. Att söka fel och problem är ingen skön väg att gå inser jag idag.

Därför väljer jag att bli en glad pensionär,

som Thore Skogman sjöng en gång i tiden:
"När man är en glad pensionär, då har
man glada dagar, som oss behagar".

Valet är mitt!

Den teoretiska beskrivningen:

Andlighet är en beteckning för det icke-materiella, själslivet, koncept som utgår från antagandet att människan har en inneboende ande. Ande och materia är traditionella motsatsord.
Andlighet kan både handla om tro och sökande. Andlighet behöver inte inbegripa

tron på något övernaturligt eller transcendent. Det behöver inte vara knutet till religioner. Handlar mer om empati, respekt och acceptans.

Medvetenhet om och fokusering på att alla varelser är själar i tillfälliga fysiska kroppar betecknas vanligtvis som andlighet, och en *andlig person* skulle då vara en intuitiv människa som står i kontakt med sin ursprungskälla: sitt andliga jag.
Meditation, drömresor, inre resor, healing, regression, olika former av seanser och sittningar och saker som utmanar människan att tänka större, och som lockar henne att leta inåt i sig själv, brukar betecknas som andlighet.

Andlighet kan även vara ett tillstånd där någon är i kontakt med något, till exempel sina känslor, i stunden och/eller i välbefinnande. Andlighet är en form av tänkande och kännande som man kan uppnå om man vill.

Mitt synsätt på vad andlighet är:

För min del handlar det om att vara öppen, ärlig, rak, ödmjuk och stolt över de gåvor/egenskaper vi fått till oss i livet. En andlig person för mig är en person som ser till och värnar om de som står en nära, men som också kan sätta gränser, att inte tillåta sig bli utnyttjad.

Likaså att själv ej utnyttja sin omgivning för egen vinnings skull, då går man utanför ramarna som jag ser det. Det handlar om villkorslösa kärlekshandlingar och beteenden, mot både andra men minst lika viktigt mot sig själv.

Mina egna upplevelser

Har så länge jag kan minnas varit intresserad av synska människor och det oförklarliga. När jag växte upp där i den norska fjällbygden Meråker på 50–60 talet, var det ingen som erkände högt att man trodde på oförklarliga fenomen. Det ansågs vara enbart konstiga människor som ägnade sig åt detta och ingen ville framstå som konstig så man höll tyst.

Men det var fullt accepterat att bönderna rådfrågade kloka gummor och gubbar när boskap försvunnit på sommarbetet, så länge man inte pratade vitt och brett om detta.

Jag var medial redan som barn, jag såg saker och visste saker som jag absolut inte kunde veta. Dock hade jag ingen att bolla detta med, jag tystades ner så fort jag öppnade munnen oavsett vad det handlade om. Därför berättade jag så klart inget om vad jag redan visste eller hade svaret på. Det blev frustrerande så klart att veta men inte få ge uttryck för det.

Tror att det var där min ilska började växa fram. En ilska mot att aldrig bli lyssnad till eller tagen på allvar. Visst, jag var kanske bara 5–6 år om jag minns rätt, när jag började bli medveten om dessa gåvor. Min 3 år äldre bror blev alltid trodd på och lyssnad till.

Detta kunde reta mig till vansinne. Som den yngste i syskonskaran, hade jag liksom inget att sätta emot.

Det var nog i den vevan jag började ha låtsaskompisar omkring mig. De fanns ju där och jag fick berätta utan att bli tystad. Ibland såg jag mig själv som vuxen och mina barn såg upp till mig. En skön känsla, så länge den varade.

Vardagen kom fram och känslan av att vara någon som ingen brydde sig om, växte igen. Givetvis var det egentligen inte på det viset men *min* sanning var så den gången.

En stark medial händelse som följt mig genom livet hände en vinterdag när det snöade rätt ymnigt. Jag skulle gå till min bästis och leka.

En promenad på kanske 100 meter. Vägen krökte sig innan jag var framme hos henne. Det fanns inga fotspår alls. Ca 50 meter innan jag var framme såg jag en kvinna som gick in i huset och jag tänkte inte mer på detta.
Men när jag kom in, fanns hon inte där. Förvirringen var stor hos mig, för jag såg henne tydligt. Jag undrade förstås vart hon

tagit vägen, för ingen hade gått ut innan jag kom fram.

Till slut frågade vart X tagit vägen. Svaret var: men det vet du väl att hon aldrig brukar hälsa på i detta hus. Men, jag såg henne ju sa jag. Föräldrarna till min lekkamrat bara log och sa att jag nog sett i syner.

Min egen andliga resa

På sjuttitalet började tidningar skriva om oförklarliga fenomen allt oftare. Jag slukade allt jag kunde komma över, för det kändes så bekant, även om jag inte upplevt allt som andra gjort, men ändå.

Minns en gång när tidningen Allers skrev om *utanför-kroppen-upplevelser*. Det var utförligt skrivet hur personen som det handlade om i reportaget, gjorde för att resa på det sättet. Givetvis skulle jag testa detta.

Minns att jag låg på sängen, andades lugnt och föreställde mig lyftas upp till taket för att titta ner på mig själv där i sängen. Plötsligt fick jag en känsla av att jag verkligen lyfte från sängen och blev nästan skräckslagen. Reste mig hastigt upp och tände alla lampor i min lilla lya. Vågade inte släcka dem utan somnade så småningom med ljuset tänt.

Min medvetna andliga resa i vuxen ålder, startade efter att jag fyllt 50. Det började med att min gode vän och livscoach Fredrik en dag föreslog att jag borde ta en Reikibehandling.

Hade inte den blekaste aning om vad detta var, kanske hade jag sett ordet någon gång men inte lagt det på minnet, än mindre tagit reda på innebörden. Lite undrande frågade jag vad detta var, men fick inget uttömmande svar.

Det var något som skulle göra mig gott, var det luddiga besked jag fick. Han menade att framför allt skulle min kropp uppskatta detta eftersom den kommer i bättre balans genom healing.

Detta lät så där lagom flummigt men jag kände att det finns ingenting att förlora. Säger han att det är bra för mig, ja då är det på det viset. Han skulle inte lura in mig i något som inte var för mitt bästa.

Samma kväll började jag surfa på internet om Reiki. Visste direkt att det handlade om mer än att jag enbart skulle ta behandling. Ju mer jag läste om det, stod det klart för mig att jag utbilda mig inom området. Det fanns en hel del utövare att välja på men till slut hittade jag en i närheten av bostaden. Men när jag klickade på knappen för att anmäla mig till en kurs, fungerade det inte alls.

Min inställning till det som händer i livet är att allt sker av en anledning. Det var inte meningen att jag skulle just dit. Då fick jag samma känsla som jag hade som barn, jag bara **visste** att det fel ställe att utbilda mig på.

Sökte vidare och hamnade i Gustavsberg ca 3 mil från min bostad. Det kändes bra eftersom jag länge tänkt att jag skulle ta mig dit. Orten var en av de outforskade fläckarna på kartan för min de, efter flytten till Stockholm. Efteråt har jag förstått att det inte var mitt val, utan det var universum som valde att jag skulle dit.

Nåväl, denna novemberkväll kändes som en lyckad kväll till slut. Jag bestämde mig för en utbildning i början av februari och jag fylldes av välbehag i hela kroppen.

Nöjd och förväntansfull såg jag fram emot kursen. Det fanns en del av mig som ville att tiden skulle rusa i väg så att jag kunde komma i gång snabbt. En annan del av mig ville lägga detta åt sidan för att jag skulle njuta av advent och julen med allt vad det innebar. En övning i tålamod, som jag så väl behövde.

Första helgen i februari dök upp så småningom och jag begav mig i väg i mycket god tid, som alltid. Följde anvisningarna på inbjudan för att hitta rätt till lokalen. En kvinna irrade omkring huset där kursen skulle hållas, hon verkade också söka efter något.

Vi gjorde sällskap in i en port, men där fanns inget som tydde på att det var någon verksamhet av något slag, bara vanliga efternamn på skyltarna. Till slut kom vi båda på att vi sett en dörr på husgaveln, vi gick dit.

Vi blev välkomnade av en glad, varm och kärleksfull kursledare, Maria. Jag kände direkt vid entrén att det var en atmosfär som ingav trygghet. Det var 5 kvinnor och jag som utgjorde gruppens sammansättning. Inte utan att jag kände mig lite bortkommen till en början, men det släppte snart. Det är vanligt med denna fördelning könsmässigt, sade Maria. Alltid fler kvinnor än män.

Blyg och väldigt avvaktande som jag var på den tiden, sa jag inte mer än nödvändigt när jag svarade på frågor. Några av de andra pratade desto mer. Min hjärna gick på högvarv, jag satte in varje person i ett fack. Efter ett tag kände jag att jag hade koll på vilken typ de var, vilka egenskaper de besatt med mera. Det var viktigt för mig att ha kontroll.

Vadå, självinsikt? Jag? Inte alls...

Redan vid den lilla presentationen, var jag övertygad om att jag bara skulle gå detta första steg och inte fortsätta. Det fick räcka med att jag lärde mig att ge behandlingar till andra, förutom mig själv.

Innan vi fick vår initiering (en procedur för att öppna upp kanalerna och ställa in flödet från universum) skulle vi försöka tona in på varandra genom att hålla händerna på varandras axlar.

Blundande och inkännande, vara uppmärksamma på allt som hände, såsom eventuella bilder, färger, röster, smaker osv. Vi gjorde om övningen efter initieringen, för att känna efter om det var någon skillnad. Du kan tro att det var en märkbar och nästan påtaglig skillnad.

Givetvis var det dags för den lille kritikern (läs egot) i mig att ifrågasätta vad som hände, hur det hände, om det hände, kunde det hända, osv i all oändlighet. Det slutade med att jag bestämde mig för att egot hade rätt.

Det var bara inbillning, jag kunde inte vara kunnig inom detta område redan, trots att henne jag gav Reiki till, sa att det kändes både varmt och pirrigt i hela kroppen, att hon kände att något hände/rörde sig i kroppen. Hon såg bilder inom sig som hon kände igen och kunde förstå varför de dök upp.

Då fattade jag ju inte riktigt att det låg till så att jag haft förmågan långt innan kursen. Det skulle dock dröja minst ett år innan jag accepterade att jag inte behöver förstå hur eller att det fungerade, så länge jag hade tilliten till processen. Kontrollbehovet var stark kraft att jobba emot.

Marias utbildning var upplagd så, att efter varje steg (totalt 3) finns en återträff några månader senare. Innan återträffen, hade jag givetvis anmält mig för att gå steg 2. Samma procedur inför steg 3 (Masterutbildningen). Med andra ord jag gick hela vägen, vilket gör att i dag är jag ReikiMaster.

Det tog drygt ett år mellan steg 1 och steg 2 för min del. Detta är varken snabbt eller långsamt. Vi lär ju oss olika snabbt och vi tar det i vår egen takt. Det finns inget rätt eller fel, så länge ens egen känsla är bra. Det är viktigt att inte jämföra sig med andra, för

det handlar om ens egen utveckling,
påpekade Maria flera gånger.

Mellan utbildningsstegen blev jag mer och
mer medveten om förändringar hos mig
själv. Det kunde vara allt från små aha-
upplevelser till stora förändringar i mitt
beteende, mina insikter och mitt
förhållningssätt.

Det blev viktigare för mig att se glaset
halvfullt i stället för halvtomt. Jag som
tidigare såg hinder i stället för att se
möjligheter. Nu blev allt mycket enklare på
något sätt, när jag ändrade fokus.

Jag upptäckte efter ett tag att jag blev
lugnare, fick mer ork att aktivera mig efter
jobbet. Fick ett klarare synsätt och såg
lösningar oftare än hinder, när något körde
ihop sig.

Mina drömmar blev renare och tydligare.
Fick svar på mina frågor och undringar via
drömmarna, men även i vaket tillstånd.

Min intuition som jag litat på hela mitt liv, blev än starkare och jag bara VISSTE, när det blev rätt för mig. Blev mer och mer insiktsfull om utvecklingen av min personlighet. Började mer och mer att våga ta plats i stället för att hela tiden krypa ihop och be om ursäkt för att jag finns.

Ställde inte upp om det kändes obekvämt eller fel. Det var ett nytt förhållningssätt som väckte min nyfikenhet. Själva gränssättningen blev drivfjädern att gå framåt i min utveckling. Att vilja lära mig mer.

Även kroppshållningen förändrades, jag slutade att vara hopsjunken. I stället började jag sträcka på mig och stolt visa att här är jag. Jag som tidigare struntade i egna behov, så länge jag kunde göra min omgivning till lags för att få deras bekräftelse.

Upplevelsen av förändringarna stärkte både min självkänsla och min självinsikt enormt. Det märktes såväl på jobbet som i privatlivet.

Kanske gick jag ibland lite väl långt men förhoppningsvis är jag förlåten för det beteendet nu. Behövde nog överdriva lite för att hitta en medelväg som var bra för min utveckling.

Det gick aldrig så långt att jag medvetet sårade någon eller behandlade dem illa. Ett sådant beteende är något jag inte kan stå för.

Helt plötsligt var det mitt eget välmående som gällde och var nummer ett på prioritetslistan. Var dock livrädd för att bli dryg och obekväm. Men jag började hävda mig och framställa mig som perfekt stundtals. Jag hade svar och lösningar på allt.

Ville frälsa världen med min kunskap och mina förmågor. Var inte ett dugg medveten om mitt eget beteende, en del vänner drog sig undan och jag förstod ingenting. Resterande vänner började säga ifrån om jag började närma mig gränsen för det otillåtna.

Det var en evig kamp mellan mig och lilla "Jante" (Egot) som sitter på vänstra axeln och skriker sig hes över min dumhet.

"Hur kan jag helt plötsligt börja inbilla mig att jag kan något, att jag har något att bidra med som skulle kunna hjälpa eller glädja andra. Lilla värdelösa jag ska inte tro att jag är någon", malde han på oavbrutet. Det var tufft att kämpa emot honom, men jag är ju en envis oxe. Med tiden lugnade han ner sig och tystnade mer och mer.

Givetvis sticker han fortfarande ut hakan och försöker få mig på andra, ofta negativa, tankar. Ibland lyckas han få sin vilja igenom en stund, men jag kommer på mig själv och ändrar mig rätt snabbt till förmån för det positiva. I dag kan jag se att vi behöver egot, för att bli mer källkritiska och ifrågasättande till alla val vi ställs inför.

Som jag nämnde tidigare har jag litat på min egen intuition rätt mycket. Blev jag orolig inför något, lyssnade jag oftast på min magkänsla och avstod från att göra det som väntade. När jag gick emot känslan, blev det oftast ett mindre lyckat resultat.

I dag kan jag känna tydlig skillnad på olika energier i mig. Det kan vara kul att leka med dessa energier, att vara i ilskan en stund för att sen släppa den, eller vara i en otrolig glädje och sen släppa. Att känna in med både huvudet och kroppen, var känns det, hur känns det osv.

Självklart händer det att jag fortfarande tvivlar på om jag verkligen kan, eller om jag har förmågan att heala. Det roliga är att ju mer jag håller på, desto lättare är det att acceptera att det inte handlar om mig som person. Det handlar om att Thobbe (egot) kliver åt sidan och kroppen enbart är ett verktyg för energierna från universum, för klientens bästa.

Just detta har varit den tuffaste lärdom att ta in, att inte känna prestationskrav att JAG måste göra något. Egentligen gör *jag* inget, det är universum som gör jobbet. På något sätt blev jag medveten om att det handlar om mycket mer än att "bara" vara ett redskap för healingenergin. Något som jag inte kunde sätta fingret på den gången, men det saknades något.

Jag fick en möjlighet att delta i en intuitionskurs och jag hoppade på tåget. Ville lära mig så mycket som möjligt utöver alternativa sätt att må bättre. Det mediala är ett intresse som alltid funnits och som nu kändes rätt i tiden.

Som alla, som är i början av ett växande, behövde egot bekräftelse på att förmågorna fanns. Lärde mig med tiden att vara mer ödmjuk inför den jag var på väg att bli. Följden blev att jag framhävde bara sådant jag kunde stå för och jag var medveten om att jag var kapabel att utföra.

Att våga säga, *jag **kan** detta* och verkligen mena det, att orden kom direkt från hjärtat var både otäckt och ovant. Det kändes inte alls *jag* men det var en intressant känsla som jag ville utforska mer.
Denna nya situation var ändå det som gjorde att jag kunde fortsätta framåt. Var enormt trött på att krypa undan, fly från mig själv för att glädja andra. Vem kunde glädja och behaga mig, bättre än jag själv, jag som lever tillsammans med mig själv hela tiden.

Gammalt beteendemönster dyker upp ibland fortfarande. Men eftersom jag nu känner igen och ser skillnaden på mitt eget beteende och hur det skulle kunna vara, är det lätt för mig att stanna upp och ta in känslan, innan jag beslutar mig för en lösning. Det har blivit många sådana stunder, för att jag skulle lära mig och utvecklas till det bättre.

Försöker tänka enligt principen: retar jag mig på andras beteenden, frågar jag mig själv om det ligger hos mig och om jag beter mig likadant. Är det så, är det den sidan hos mig själv jag behöver jobba med, innan jag har rätt att värdera eller kritisera andra. Väldigt intressant, lärorikt och insiktsfullt att ha detta förhållningssätt.

Som du säkert förstått vid det här laget, har kontakten med healing lett till ett helt nytt liv och mycket självkännedom. Det har varit nödvändigt, omtumlande och intressant.

Så här några år senare, kan jag konstatera att jag var naiv nog att tro att allt var så enkelt. Bara jag gick en kurs, fanns kunskapen inom mig och det var allt. Att det behövs träning och medvetet jobb hela tiden för att behålla och utveckla min kunskap fanns liksom inte i mitt tankesätt.

Medvetenheten växte med tiden. Om jag ska kunna ta kliv uppåt i utvecklingstrappan, måste jag fokusera på nuet och acceptera att allt tar tid. Inga genvägar existerar, lära genom handling, är vägen framåt. Det blev en tuff tid framöver, att inse min egen begränsning, att jag inte hade full kontroll över situationen längre. Tvärtom gällde det för mig att *våga* släppa kontrollen, låta allt som skulle ske, få chansen att ske. Acceptans och tillit var ord som ofta dök upp i olika sammanhang för mig. Det snackades om detta överallt tyckte jag. Till slut förstod jag att det var andevärlden som såg till att jag la märke till detta och att jag skulle ta till mig detta.

Det märkliga och intressanta med hela denna process var, att allt kändes rätt! Det fanns ingen tvekan alls om att jag var på rätt väg. Blev även mer och mer medveten om att intuitionen *alltid* visade rätt. I dag är magkänslan och jag de bästa vänner och samarbetar väldigt bra.

I början när jag gav behandlingar, kunde jag ofta se färger, känna olika känslor och även ibland få bilder. Ibland kände jag till och med fysiska förändringar i kroppen. Jag trodde att detta berodde på att jag spände mig, men lärde mig efterhand att det inte handlade om mig utan det var områden som klienten skulle bli mer observant på, eller att det var där jag skulle lägga fokus under behandlingen.

Oftast fick jag svar via mina guider, men inte alltid. I det läget rådde jag klienten att själv känna in vad det kunde tänkas stå för, för henne eller honom. Känner man efter, hittar man svaret inom sig. Jag är övertygad om att fysiska krämpor kan bottna i olika händelser, trauman osv. Därför behöver man lyssna inåt för att få svar.

Det var häftigt att upptäcka skillnaden mellan min egen fantasi och information från guiderna. Att inse att inget handlar om mig, tog sin tid att acceptera. Jag är ju bara en kanal för informationen och energiflödet. En insikt till som jag fick, var att det inte är någon idé att lägga energi på att ta bort de dåliga sidorna hos mig själv och behålla de bra, för det fungerar inte så. Bägge delar behövs för balansens skull.

Det handlar mer om att acceptera och respektera motsatserna. Men också om att tillåta sig, eller som jag brukar säga, att unna sig att må bra, att unna sig ha kul i livet oavsett vad man gör.

Nåväl, jag började förstå att healing och medialitet hänger ihop, även för min egen del. När jag var ute på nätet, hamnade jag titt som tätt på hemsidor hos olika medium, eller andra typer av sidor som har med medialitet eller andlighet att göra. Någonting sa mig att jag skulle gå vidare med detta.

Under sommaren 2009 anmälde jag mig till en kurs som skulle gå av stapeln i oktober här i Stockholm. En kurs i *Andligt mediumskap* med ett medium från Göteborg.

I augusti sa min gode vän Fredrik att detta inte var rätt kurs för mig. Konflikträdd som jag fortfarande var vid det tillfället, blev jag tvingad att hitta på någon anledning till att jag valde att hoppa av, inför kursledaren. Drog till med något om att det var mycket på jobbet. Det dåliga samvetet gnagde, men jag tryckte undan det så gott det bara gick. Hoppas att ledaren kan förlåta mina vita lögner.

Satt och surfade en dag och kom in på Vattumannens hemsida, (en butik i Stockholm för medialitet mm). Fick syn på en föreläsning/workshop i ämnet tidigare-livregression och det ville jag verkligen prova på. Anmälde mig direkt.

Kände att det var förändringar på gång i mitt liv. Åter igen visste jag inte varifrån informationen kom, men den kändes påtagligt äkta och absolut rätt i tiden för mig.

När jag kom dit på kvällen, kom den värdelöse Thobbe fram igen och jag lät det ske. Jag kröp ihop och gjorde mig osynlig. De andra deltagarna ställde frågor och delade med sig av sina upplevelser de haft. Vad sjutton gjorde jag här, tänkte jag. Såg eller kände ingenting alls, totalt värdelös!

Eftersom jag ville ha valuta för pengarna, satt jag snällt kvar och var mottaglig för det som komma skulle. Jag var ju trots allt där för min egen skull, inte för någon annans. Var kom den insikten från?

Annalena, som ledde kvällens övningar, berättade om sitt jobb som hypnoterapeut med mera. Hon sa också att hon höll på att utbilda sig till medium hos Leo.

Då ringde en klocka hos mig, det namnet kände jag igen. Han hade gått sin utbildning hos mediet i Göteborg, skulle det visa sig. Givetvis var det hos honom jag skulle utbilda mig. När jag kom hem, satte jag i gång datorn och sökte reda på Leo och hans hemsida.

Det kändes direkt att nu skulle det äntligen bli av att ta reda på om mitt intresse för det mediala gick att vidareutveckla. Kände att det var bättre att prova och få veta om det fungerade, än att bara fundera.

Fanns bara ett problem, det var att kursen inte skulle bli av förrän i februari, vilket var oceaner av tid innan det var dags. Det var långa dagar i december och januari den gången. Hade bara ett för ögonen och det var första helgen i februari. Det kändes som om varje dygn innehöll minst 36 timmar under dessa månader.

Jättespänd och förväntansfull hittade jag till kurslokalen där vi skulle vara. Det droppade in folk i massor, kändes det som. Vi blev 17.

Eftersom jag inte hade någon som helst kontroll över situationen kändes det lite underligt, Gjorde som vanligt, höll en låg profil och var väldigt iakttagande inför de övriga. Det kändes bra att det fanns fler som var på denna typ av sammankomst för första gången, jag behövde inte känna mig ensam denna gång heller!

Leo hälsade oss välkomna med sin speciella stil. En tanke for igenom huvudet, vad kan han om detta? "Pojkspolingen" verkade totalt disträ och förvirrad.

Men de tankegångarna försvann rätt snabbt och jag bara visste att här har vi en "stor" man, med mycket visdom. Det gick upp för mig att hans sätt att leda kursen, bidrog till att avdramatisera vad detta med att vara medial innebär. Det är varken konstigt eller komplicerat utan både enkelt och naturligt. Det är vi själva som komplicerar.

Att vara medial är inte till för några få utvalda speciella människor, det gjorde han klart för oss. Alla är vi födda med medialiteten enligt hans sätt att se på det hela. Det handlar mera om att få tillgång till verktygen och lära sig använda dem. Han lyckades övertyga mig om att så är fallet.

Vi fick göra en övning där vi två och två skulle be om information omkring den andre. Jag fick bilder som stämde inte på min par-kamrats svärföräldrars slott i Skottland, till och med deras vapenflagga kunde jag beskriva.

Det var häftigt och jag trodde inte att det var möjligt. Hörde mig själv säga saker som jag inte tänkt ut, utan de kom från ingenstans. Nåja, de kom ju från mina guider så klart.

En annan övning vi fick göra, var att vi skulle ställa oss framför gruppen och hålla ett anförande i ett valfritt ämne. När tredje personen avslutat, kände jag att det var min tur nästa. Leo säger då Thobbe du är näste man.

Jag vet det, svarade jag kaxigt. Gick fram och hjärtat slog i 180, hela kroppen skakade. Jag började med att titta på alla och säga, något i stil med att jag ska prata om något som ni alla känner just nu; rädsla.

Fortsatte sen med att berätta om min egen rädsla över att stå inför människor och tala, hur jag mådde inombords osv. Fattade inte hur jag kunde hålla dialogen flytande utan att staka mig med mera.

Senare på dagen kom Leo fram till mig under en rast och sa att det var flera som blev inspirerad av mitt framträdande och att de kände sig stärkta, att det tänkte som så att kunde han kan jag. Den feedbacken var stor för mig så klart.

Det har blivit ett antal kurser över tiden sen jag började fram tills nu. Dessutom många meditationer som hjälper mig kommunicera med min huvudguide/vägledare (även kallad rektorn). Ville ta med detta om medialiteten, för att visa vad det hela utvecklade sig till, för *min* del. Säger inte, att bara för att man lär sig healing får man automatiskt det mediala utvecklat, för det behöver inte stämma för alla.

När det gäller vilket sätt man jobbar på med healing, är min övertygelse att du kommer att uppleva ett kärleksfullt och läkande möte som hjälper kroppen till självhjälp. Enligt min mening kommer kraften från samma ursprungskälla oavsett vad metoden kallas.

Som jag ser på detta med healing, kan det se ut på många olika sätt, det behöver inte vara på ett stereotypiskt. Det viktiga är att man tar sig tid, känner efter vad som känns som en bekväm väg för en själv, och hittar sitt sätt. Finns liksom inget rätt eller fel.

För egen del anser jag till exempel att en stund i skogen är helande, eller sitta vid havet och lyssna på vågornas rullande in mot stranden, sitta på en sten vid en bäck och ta in det rogivande porlande ljud i kroppen, är healing för kroppen det med.

Alla upplever vi healingen på olika sätt och det betyder olika för oss alla. Den gemensamma nämnaren är att vi ska må bra, healing kan bara göra gott.

Syftet är också att vi ska gå tillbaka till det underbara stadiet av välmående som vi hade när vi föddes, då inga blockeringar eller begränsningar fanns. Vi var opåverkade av omgivningens normer och värderingar.

Det viktiga är att släppa all kontroll och bara flyta med i det som sker omkring utan att bromsa sig själv. Tankar som kommer och går, blåses bort som lätta fjun i stället för att fånga dem. Jag brukar se tankarna som lätta små moln, som jag bara puttar till så de får flyta vidare i tyngdlösheten.

I detta meditativa tillstånd är det bara healingen i sig som får fokus. Känner efter i kroppen var det behövs påfyllning av energi och då låter jag den gå dit, utan att kontrollera.

Om till exempel ett ben känns tungt och orkeslöst, visualiserar jag ett energiflöde av vitt ljus som söker sig ner i benet, påbörjar påfyllningen i foten, jag ser framför mig hur det rinner uppåt i benet, ända upp till huvudet och det börjar rinna över från kronchakrat. Då vet jag att jag fått det jag behöver.

Vid det här laget har du säkert förstått att healing inte är någonting märkvärdigt eller konstigt. Det är bara att bestämma sig för hur det ska se ut för just dig, eller ännu hellre, inte bestämma dig för något, utan bara låta det sköta sig själv. Känn in vad kroppen säger, lyssna inåt, det finns svar därinne över vad du behöver göra. Ha tålamod, forcera inte, då kommer resultaten, tro mig.

Är du osäker på vad healing är, hur man gör och så vidare, ska du givetvis söka dig till någon healer. Känns det svårt att veta vilken typ av healing *du* ska välja? Mitt råd är att kolla med dina vänner och bekanta, de kanske känner till någon utövare. Surfa runt på nätet, det finns en uppsjö av de som håller på med healing i någon form. Många har dessutom prova-på-behandlingar till reducerat pris. Förvänta dig inget specifikt, var öppen i sinnet då kommer du snart känna vad som passar dig.

Det har varit en spännande utveckling och intressant resa som jag tagit mig igenom. Att upptäcka all den visdom som finns inom mig, är något stort och omtumlande. Det har bidragit till att jag som person är tryggare och har en helt annan syn på livet I dag. Det handlar definitivt inte enbart om mognad med åren, det handla minst lika mycket om att vilja ha förändringar i mitt liv.

Att kunna se livet och situationer från olika perspektiv, att förstå att det finns fler sätt än ett att lösa eventuella konflikter på, eller att se lösningar på hur man kan ta sig förbi de hinder som dyker upp på ens väg. Själv är jag mer ödmjuk och känner mer respekt för andra och deras åsikter i dag. Lyssnar med nyfikenhet till konstruktiv kritik jag får, för att lära mig något och kunna gå vidare.

Det kom en dag då jag fick veta att jag skulle skriva en upplevelsebok om healing. Boken ville jag skriva för att berätta om mina upplevelser av healing. Jag ansåg att böcker om våra upplevelser behövdes. Böcker, där människor som du och jag fick berätta om hur vi upplever detta med healing, hur det har påverkat oss i vardagen osv.

Tiden var mogen för en sådan bok och uppdraget att skriva den föll bland annat på mig. Att fler saknade denna typ av bok, blev väldigt tydligt för mig under de kommande samtalen med folk som upplevt healing på något sätt.

De ljuvliga mötena med de helande energierna och alla underbara personligheter, var givande på många sätt. Det blev många och givande samtal som stärkte mig i min övertygelse om att boken behövdes. Nu var det inte alla jag träffade som ville vara med i boken men de berättade gärna sina upplevelser för mig. En del fick vara med anonymt ändå. Kände att deras kommentarer var nödvändiga och att de därför skulle vara med om än i kortform.

Hela idén till boken väcktes av min kursledare i Reiki och KarunaReiki®, Maria. Hon ville skriva en bok om Reiki, berättade hon. Jag frågade henne om hon tänkte lägga in upplevelser från oss som fått Reiki. Eftersom hennes bok skulle bygga på fakta och vara en mer instruktionsbok, sa hon bara: varför skriver inte du boken själv?

Jag lekte med tanken ett tag. Det blev en fajt med mitt ego, som givetvis påpekade att jag inte skulle inbilla mig att jag kunde skriva en bok. Jag som blev hånad i skolan för mitt sätt att uttrycka mig på. Ur denna kamp fick jag inspiration och ville kämpa för att visa både egot och världen att jag kan.

Min ursprungstanke var att skriva om mina egna erfarenheter av Reiki. Tog inte många dagar innan jag kände att jag skulle be andra berätta om sina upplevelser också. Boken skulle inte enbart handla om Reiki, utan healing som begrepp, med olika inriktningar.

Observera, jag vill på intet sätt påstå att min bok är heltäckande, det här är bara ett startskott. Övertygad om att det kommer fler böcker framöver, med andra personliga vinklingar av ämnet.

Själva skrivandet i sig har flutit på relativt enkelt, det finns hur mycket material som helst att hämta där ute. Vad jag inte tog med i beräkningen var detta med tiden. Det tog betydligt längre tid än jag kunnat drömma om.

Ett stort fel jag gjorde i början, var att jag skrev med föresatsen att det skulle vara renskrivet och klart för läsning direkt utan att behöva ändra något. Antingen var jag oerhört kaxig eller väldigt naiv. Det lutar åt det senare.

Att skriva krävde mycket fokus av mig, mycket mer än vad jag var van att använda mig av. Det räckte liksom inte att skriva utan engagemang och tro att det löser sig, bara tiden får gå. Det fanns stunder då jag valde bort skrivandet.

Ansvaret, mot alla som bidrog med sina upplevelser, mot er läsare och sist men inte minst mot mig själv, drev mig framåt till att göra klart arbetet. Fick många påtryckningar från olika håll om detta, utan att förstå hur mycket denna typ av bok var efterlängtad.

Inspirationen kom och gick i vågor. Det hände att jag inte förstod varför jag nästan somnade vid datorn. Tittade på klockan och konstaterade att den var långt över midnatt, hade suttit kanske 5–6 timmar utan avbrott. I dessa stunder tyckte jag att tiden bara rann i väg och jag hade alldeles för lite av den.

Fick ett erbjudande om att korrekturläsa en annan författares bok. Givetvis tackade jag ja till denna möjlighet. Det var en utmaning och även matnyttigt för mitt eget skrivande. Fick gå in på djupet hur en bok

är uppbyggd och hur den författaren
använt språket, bland annat.

Under en sittning hos ett medium fick jag
veta att jag kommer att skriva fler böcker
där andevärlden ska hjälpa till, men först
skulle denna bli klar. Detta var ett led i att
träna mitt tålamod och att slutföra ett
påbörjat projekt.

Efter ett par års utdragen kamp, blev jag
ställd inför ett val. Antingen skriver jag klart
boken så jag kan gå vidare med min
utveckling, eller så tonas min medialitet ner
med följden att jag får börja om på nytt
med den utvecklingen. Detta var sparken i
baken jag behövde för att göra klart min
bok **"Healing vad är det?" (ISBN978-91-
7465-455-4)**

Medial vägledning på mitt sätt

Jag använder mig av min intuition för att ta reda på hur jag ska lägga upp jobbet med just dig och ditt bästa. Syftet är ju att du ska få allt du behöver just i detta nu. Detta kan innebära att ibland tar jag så kallade "änglakort" till hjälp för att åskådliggöra vad andevärlden menar.

Andra gånger använder jag mig enbart av länkning, det vill säga jag tonar in på min kontakt med min huvudguide (kallad rektorn) som i sin tur tar kontakt med din guide.

Du kanske har en specifik fråga du vill ha svar på när du kommer. OM detta är för ditt bästa just i stunden, kommer du få vägledningen. Ha tilliten till att dina behov blir tillgodosedda i första hand, ej alltid samma sak som dina önskningar. Var öppen för det som kommer.

Du kanske inte är redo för svaret på din fråga, utan måste ta tag i något annat först för att sen kunna ta emot svaret på din fråga. Allt har sin tid och din egen tillit till processen är A och O. Det kan vara så att allt inte kan förstås just när du får informationen, det måste sjunka in och bearbetas av det undermedvetna tills du är redo.

Avfärda inget, var lyhörd. När det gäller anhöriga släpper huvudguiden igenom dem, om det de vill förmedla är viktigt för dig just nu, annars får de stå åt sidan tills det är dags.

Detta är min skolning och mitt sätt att jobba på och i min värld finns inget som är rätt eller fel. Vi som jobbar medialt är alla olika både till sättet att jobba på och hur vi lärt oss. För mig känns detta självklart, eftersom vi alla människor är olika till sättet.

Healing på mitt sätt

Healing kan man säga är en energibalansering i kroppen och känns väldigt avslappnade och behagligt. Den kan aldrig skada dig, den bara hjälper din kropp att självläka sig från obalanser av olika slag.

Vad metoden än heter är intentionen den samma och allt kommer från samma källa enligt min mening oavsett om det heter Reiki, Violetta flamman eller Reconnective healing, för att nämna några namn.

Mitt sätt att jobba med healing är en blandning av olika tekniker. Genom att ta till mig godbitar av de olika sätten har jag hittat mitt sätt. Jag kallar mitt sätt intuitiv healing.

Jag kan till exempel börja mina behandlingar genom att via hypnos få klienten att gå djupare ner i avslappning, för att på så sätt få en starkare behandling, helt utan att tankarna stör under tiden. Under hypnos kan du strunta i alla ljud omkring dig.

Jag ger givetvis behandlingar utan att använda hypnos också. I grunden är jag certifierad Reiki Master, har även tagit steg 1 och 2 inom Karuna ® Reiki samt är certifierad Andlig healer.

Hypnos på mitt sätt

Hypnos är ett ord som många reagerar på, antingen för eller mot alternativt okunnig. För att avliva myten om att man kan fastna eller bli lurad att göra något som man inte vill, kan jag säga att detta är bara bluff.

Du kan aldrig fastna i ett hypnotiskt tillstånd, lika lite som du kan fastna i sömn. Inte heller kan du bli lurad att göra något som ditt undermedvetna ej accepterar, utifrån dina värderingar.

Hypnos är ett utmärkt hjälpmedel att få kroppen ner i total avspänning och avslappning. Under en hypnossejour är du fullt medveten om vad som händer omkring, men till skillnad från vanlig meditation, tar du inte fasta på ljud eller andra störningar i rummet. Allt som händer får bara hända.

Med hypnos kan du till exempel *programmera* om beteenden du har men som du helst vill bli av med. Röka, snusa, äta fel, störa dig på andra, oro, upplevelsen av kronisk värk med mera. Det man gör är att tala direkt med ditt undermedvetna och be om tillstånd att förändra beteendet.

Det finns otal exempel på folk som kommit i gång med ett sundare liv, både vad gäller aktivitet och mathållning. Jag själv blev av med upplevelsen av kronisk värk i kroppen. Det var en fröjd att slippa känna sig nertyngd av plågan.

Meditation på mitt sätt

Att meditera trodde jag en gång i tiden att det måste se ut på ett visst sätt och göras enligt konsten alla regler.

Man skulle sitta i ett helt tyst rum med dämpad musik i bakgrunden. Javisst det kan underlätta men är inget måste.

Det skulle ta minst en halvtimme åt gången! Varför då började jag fundera över. Finns det någon outtalad regel där? Kom fram till att man för det som är bäst för en själv

Det som det hela handlar om är ju att på något sätt stilla sitt inre så att man går in i ett lugn, helt avskärmad från yttre påverkan.

Knepen är många om hur man hamnar där.

För mig kan det räcka med att bara gå in i mig själv, stänga ute alla ljud mm en stund.

Stirra rakt ut i tomma intet. Brukar säga att jag stänger av seendet ca 5 cm framför ögonen. Fick givetvis träna på detta några gånger, men det funkar.

En stund på en parkbänk ger mig också avkoppling, att bara lyssna in ljudet av vinden, fåglar, lekande barn och så vidare.

Gå ut i skogen med samma intention som parkbänken, det vill säga, lyssna på naturljuden som finns.

Att sitta vid en sjö eller vid havet, bara lyssna på vågskvalpet är sagolikt skönt.

Om jag inte går ut, utan sitter hemma, tänder jag en ljus och då sitter jag gärna i tystnad, alternativ lite dämpad musik i bakgrunden. Mitt fokus är då på lågan. Ibland händer det spännande saker i den stunden.

Har fått se minnesbilder som dykt upp, mött olika djur som velat meddela mig något, även så har jag fått inblickar i tidigare liv.

Som du märker, finns det inget rätt eller fel. Det viktigaste som jag ser på det, är att hitta ett eget sätt att meditera på.

Ibland räcker det med 5 minuter och ibland behövs det längre tid. Det längsta jag varit med om är cirka 45 minuter. Jag förlikar mig med att tiden är den rätta just där och då.

Gör som katten, bara njut av stunden.

Tidigare-liv-regression

Ett område jag varit väldigt intresserad av är detta med tidigare liv. Har gjort några sådana genom åren. Väldigt givande och ger oftast insikter om hur man är idag, vilka akilleshälar man har osv.

I min första resa kom jag tillbaka till 1400 talet, någonstans på gränsen mot Frankrike, Belgien förmodligen. Först fick jag se mig själv liggande i en korg, inlindad i en smutsig filt, på en trappa till ett litet hus.

Där inne bodde det en klok gubbe, byns medicinman och allt i allo. Alla vände sig till honom när det var något de behövde hjälp med.

När han fick syn på mig där i korgen, tog han in mig för att ge mig mat. Han visste inte varifrån jag kom, men kände att jag skulle tas om hand. Hade en bra tillvaro hos honom, fylld av kärlek och av livsvisdomar. Han lärde mig allt om naturläkemedel och att leva av naturen i sin helhet.

Med tiden blev jag också anlitat av byborna. Vid 18 årsålder fick jag besök av en gammal kvinna som hade kallbrand i sitt ena ben. Det var blått och svullet samt mycket knölar. Jag visste direkt att jag skulle göra en salva och behövde hämta en växt som fanns i ett stenröse en bit från huset där vi bodde.

Detta stenröse hade min fosterfar varnat mig att besöka, det var en gammal gravplats och den som trampade in där drabbades av olycka. Jag var så övertygad om att jag skulle hämta blomman som fanns för att hjälpa gumman.

Sagt och gjort jag begav mig dit och på tillbakavägen ner från kullen ramlade jag och slog upp ett flertal djupa sår på stenarna samt bröt ett ben.

När jag kom haltande tillbaka såg min far på mig med en blick som var både kärleksfull och anklagande på samma gång. Han lindade om mitt ben och jag kunde göra salvan som gumman behövde.

Hon gick därifrån med lätta steg då hon visste att salvan skulle hjälpa.

Min far hade ett allvarligt samtal med mig, men samtidigt var han stolt över att jag trotsade för att följa min instinkt om vad som behövdes för att hjälpa gumman.

Vi gick vidare i regressionen några år till. Nu hade jag familj, en underbar fru och 2 barn som bodde i samma hus som jag växt upp i. Min far hade gått bort, men jag förvaltade hans arv och kunskap väl i byn och var lika omtyckt som min far.

Ytterligare tid förflöt och en dag kom en annan gumma till gården och jag kände direkt att detta var min biologiska mamma. Hon kom för att se hur det gått för mig och vi hade ett fantastiskt samtal, där jag förlät henne för att hon övergav mig.

Sista delen av denna regression, var när jag själv låg på dödsbädden. Väldigt gammal var jag och runt omkring min säng stod min vackra fru, mina vackra barn och prästen i byn. Jag drog mitt sista andetag med stor tacksamhet över min familj och mitt liv.

När jag gjorde min andra regression, hamnade jag på en plantage i södern av USA. Var anställd av en otroligt fin ranchägare, alla vi slavar bodde i fina hus, vi hade mat för dagen, blev väldigt fint omhändertagna. Det fanns inget vi saknade.

Även här hade jag en vacker hustru med vackra levande djupa ögon som bara utstrålade kärlek. Vi var en kärleksfull familj som delade med oss av vår kunskap till våra vänner på plantagen. Det var ett rikt liv jag fick leva där.

Något år senare hände något märkligt i mitt nuvarande liv. Jag mediterar i grupp ibland och det ger så mycket för mitt inre. En dag kom det en ny deltagare, en ung kille. Han var nyfiken på detta med andlighet och meditationer sa han. Ville lära sig mer om det. Vi gjorde sällskap hem efteråt, då vi bodde åt samma håll.

Några dagar senare satt jag och mediterade hemma och hamnade i mitt liv på plantagen. Döm om min glädje när jag kände igen både blicken och energierna från min fru. De var de samma som denna kille hade.

Det var en känsla som inte jag varit med om tidigare. Har hört berättelser från andra som träffat själar från tidigare liv, men nu fick jag uppleva detta själv också. Det var både mäktigt, stort och ofattbart.

Vid den tredje regressionen hamnade jag på ett område med massor av baracker. Kände mig vilsen, för jag hittade inte tillbaka till den barack jag bodde i. Hade blivit varnat för att gå på egen hand. Hörde skott och skrik en bit bort, men var väldigt nyfiken på vad som hände. Vid kanten av en barack, tvekade jag en liten stund innan jag stack fram huvudet för att kolla på vad som hänt. Sen blev det bara svart!

Jag blev alltså skjuten i koncentrationslägret jag befann mig i.

Ville dela mig av dessa upplevelser, då de har påverkat mig mycket i detta liv. Vill också inspirera er läsare till att våga göra regressioner, det kan lösa upp känslomässiga knutar du bär på.

SLUTORD

Satt en dag och reflekterade över mitt livs upplevelser, tankar och funderingar, insåg jag att det var dags för mig att skriva boken om mitt liv och ge ut den.

Mötet med både mig själv och alla andra som korsat min väg har gett mig en visdom och insikter som är ovärderliga.

Därför var det viktigt att få ge tillbaka till livet, att kanske inspirera någon till att ta reflektera och värdesätta sina liv.

Det finns obegränsade möjligheter att påverka sitt eget liv. Tro inte för en sekund att du levt ett andefattigt och värdelöst liv.

Min inställning är att vi alla har något att delge andra, som de kan bli inspirerade av.

Boken bekräftar också att allt är möjligt. Hade någon sagt till mig att jag skulle skriva en bok om mitt liv, hade jag bara skrattat.

Det var otänkbart, jag som blev hånad i skolan för mitt sätt att skriva. Vad skulle jag kunna ge andra genom mina upplevelser.

Mitt liv som varit så innehållslöst.

Nu när jag gjort min sammanställning, om än bara en bråkdel av allt, så ser jag ju att det inte alls varit innehållslöst.

Mitt liv har varit fylld av upplevelser och innehåll. Det handlar om att våga leva ut sina drömmar, det gjorde jag i många avseenden.

Varför avstå att se din egen utveckling, kanske genom att skriva en bok, eller överhuvudtaget dokumentera ditt liv på något sätt? Det är mitt råd till er som läser boken.

En reflektion jag gjort under arbetet med boken är detta med mobbing, som jag upplevt det. Kan det vara så att jag varit överkänslig och gjort tolkningar som inte stämmer med verkligheten?

Det lär jag nog inte få något svara på, men jag vet att som en HSP-person, så påverkas jag av alla ljud omkring och även tar in andras mående. Detta tar jag in och gör till mitt. Det är en process som ständigt pågår.

Det har varit många timmar som jag avsatt för att skriva denna bok, liksom den andra boken jag skrivit. Det är hela tiden nya infallsvinklar och minnen som dyker upp. Jag skrev, raderade, skrev om, filade på orden och meningarna.

En tid både av mycket glada minnen, mindre glada, frustrationer över varför jag lät mig bli mobbad och hunsad genom livet. Ändå kan jag känna en stor tacksamhet för all den lärdom jag fått genom att vara öppen och mottaglig för vad som kommit i min väg.

Givetvis har jag inte svalt alla råd jag fått av andra, inte heller alla råd jag get mig själv. Många vändningar hit och dit, innan det kändes som att jag kunde stå för det som varit mitt liv och genom denna bok även kommit ner på papper.

Vi ställs hela tiden inför olika vägval i livet. Vår livsväg kan vara rak som en motorväg eller krokig som en skogsstig. Oavsett vilken väg vi väljer, är min uppfattning den att ibland behöver vi göra en avstickare för reflektioner.

Att stanna upp och se tillbaka med öppet sinne är livsnödvändigt tycker jag. Vi får lärdom av det som hänt. Dock gäller det att låta bli att älta oförrätter, som vi blivit utsatta för. Se de som en läxa och var tacksam över det.

Det handlar alltså om att förlåta det som hänt i första hand, alltså enbart händelsen. Minnet finns kvar, men bestäm dig för att låta minnet vara neutralt och att det ej påverkar dig idag.

Låt mig avsluta med att återge er några rader som kom till mig, från min andlige vägledare Jacques, de bara flög ur pennan ner på papperet under en lunch för några år sen.

Att få insikten om att allt handlar om olika energier och även känna på dem, ger en härlig eftersmak av visdom som inte finns att hämta i vanliga skolböcker.

Denna visdom kan bara komma till dig, om du tillåter dig själv att ta emot den och att tillåta dig växa i ditt medvetande.

Kämpar du emot tar det onödigt lång tid att nå målet.

Tillåt dig att bara vara med i flödet, att känna att du är värdig insikterna och visdomen. Då kan du ta dig själv till oanade höjder.

Nu är boken ett avslutat kapitel

Av den lille killen på omslaget,
Utvecklades jag till en man
med mycket visdom...

Tack för att du ville läsa min bok!